柏木　昇 著

法律文書の英訳術

商事法務

はしがき

　本書は、法律文書の英訳術、すなわちハウツーと、法律文書の翻訳論と欧米で盛んに論じられている一般の翻訳論について著したものである。私は、現在法務省が担当している日本法令外国語訳整備プロジェクトに 2004 年から参加してきた。その経験から気づいた参考事項も含まれている。本文にも著したが、日本法令外国語訳整備プロジェクトを開始した頃は、法律文と法律用語の英訳技術論についての議論は極めて初歩の段階にとどまっていた。いまでこそ、欧米では法律文翻訳論（法律翻訳学：legal translation studies）は翻訳論（translation studies）の一分野として確立されつつある、しかし、2004 年当時はそのような傾向や研究はさほど広まっておらず、翻訳論や翻訳技術論については、私も関係者も理解が浅かった。そのため、無用の試行錯誤を繰り返したきらいがある。その上、洋の東西を問わず、翻訳論の中心は文学の翻訳であり、法律文書翻訳論は日本では全く論じられていなかった。特に日本では今でもこの傾向が強い。しかし、文学の翻訳と法律文書の翻訳とでは翻訳目的が異なる。文学の翻訳と、ビジネス文書の翻訳、工業製品マニュアルの翻訳、映像字幕の翻訳など、翻訳の分野によってそれぞれの事情があり、文学翻訳論がすべての翻訳の共通の基礎となるわけではない。大多数の法律文書の翻訳の目的は、他の分野の翻訳と異なる。目的が異なれば、翻訳の仕方も異なる。したがって、日本の翻訳論の全部が当然に法律文書の翻訳に当てはまるわけではない。ましてや、日本では逐語訳無条件信奉説が古くから根強く支持されてきた。後述のように、逐語訳は、翻訳者の主観的解釈をできるだけ排除したい場合に安全

策として採用される翻訳技法である。法律文書の翻訳には、文学の翻訳や、字幕翻訳など、他の種類の文書の翻訳とは異なった法律文書翻訳独自の配慮が必要である。

　法務省による日本法令外国語訳整備は、2004年のある会議の発言がきっかけとなり発展してきた。その後、約20年、私は、直接又は間接に法令外国語訳に関与することとなった。その過程で私は予想していなかった多くの問題に直面した。この貴重な経験は記録しておいて、日本語法律文書を英訳する人の共通の財産とする必要があると感じた。そこで本書を書き始めたのだが、同時に欧米で1990年代中頃から盛んになった前述の翻訳論あるいは翻訳学（translation studies）を踏まえることが必要だと考え、翻訳論の参考書を読み始めた。ここでも、どういう本を読むべきか、ガイダンスが少なかったため、大きな回り道をしてしまった。回り道をした理由の一つが、欧米の翻訳論が百家争鳴の状態にあり、議論が収斂していなかったことにもある。他にも理由がある。その理由についてはまだ推測段階であるが、第一に、欧米の翻訳論が聖書の翻訳から出発し、その影響が極めて大きかったこと（法令翻訳に関してはローマ法の翻訳の影響が強かった）、第二に、欧米の主要な翻訳論を論ずる論者がヨーロッパで使われている言語（英語、フランス語、ドイツ語、スペイン語、イタリア語など）の間の翻訳を中心に論じており、日本語のような西欧語とは全く異なった言語間の翻訳に対する考察がなかったこと、第三に、あまりにも複雑でartの要素が強い翻訳という行為に対し、あまりに単純かつ性急にscienceの技法を適用しようとしたことが影響していると私は考えている。私にとっては、翻訳目的が翻訳行為を左右する基本的ファクターとなると主張する後述のスコポス

理論を除いて、欧米の翻訳論は私の法令外国語訳の作業から得た感覚に全く合わない。スコポス理論の中でも、後述のクリスチアネ・ノードの *Translating as a Purposeful Activity: Functionalist Approaches Explained* を読んで、やっとまともな翻訳論に出会った気がした。本書の読者が私のような回り道をしないように、翻訳論理解に関する私の経験を書くこともまた重要ではないか、と考え、そのような立場から欧米の翻訳論にも触れた。

　本書は、私にとっての人生最後の著書になる可能性も考え、あまり肩肘を張らずに、法律文書を翻訳する人たちに参考になればと思って書いたものである。したがって学問的な本ではないし、まして体系書ではない。だから、Kindle 版なども引用しているし、法律参考書も手持ちのものを使ったので必ずしも最新版を引用していない。これは私が歳を取って怠惰になったための言い訳もあるが、法律参考書の内容を問題とせず、法律英語の表現ぶりを問題としているからである。だからといってエッセイというほど軽いものでもない。類書もないので、皆さんの参考になれば幸いである。

　なお、翻訳論では、翻訳すべき原文のことを「起点テキスト」(source text) といい、その原語を「起点言語」(source language) という。また、翻訳先の原語に翻訳されたテキストを「目標テキスト」(target text) といい、翻訳先の原語を「目標言語」(target language) という。しかし、一般の読者には耳慣れない用語であるという意見もあり、ここでは「起点テキスト」を「原文」、「目標言語」を「翻訳先の原語」ということにしている。

また、法律文書の英訳の目的は、日本語は分からないが英語は分かる人のために、日本語で書かれた法律文書の意味を英語で伝達することであるが、「英語が分かる人」をもっと短く表現したかったので、「英語人」という造語をしたところ、出版社の編集の人に評判が悪かった。そこで、「英語ネイティブ」としたが、別に「ネイティブ」でなくともよい。私は、多分「英語が分かる人」に入るだろうが、英語は福島県で中学校から勉強しているから、「英語ネイティブ」とは言えない。これも他に短い適切な表現がなく、仕方なく「英語ネイティブ」と表現しているが、「英語が分かる人」の意味である。「日本語ネイティブ」という言葉も出てくるがこれも「日本語が分かる人」の意味である [1]。

　なお、本書に使用した日本法令条文の英訳文は、すべてネットで公開されている日本法令外国語訳データベース（JLT）に掲載のもの、またはそれを素材として加工したものである。

---

[1]　牧野成一『日本語を翻訳するということ——失われるもの、残るもの』（中公新書、2018年）5頁では、この意味の「英語ネイティブ」「日本語ネイティブ」をそれぞれ「英語人」「日本語人」と表現している。

目　　次

第1章

法律文翻訳の難しさと
日本法令翻訳の黎明期の苦労

1　難しい法律文書の英訳

　法律文書の英訳は難しい。東京帝国大学教授の和田垣謙三先生は「不精者のことを『タテの物をヨコにもしない』というが、ヨコの物をタテにしたりタテの物をヨコにしたりするほど難しい仕事はない」と言われたとのことである[1]。特に、タテの法律文書をヨコにするのは面倒だ。日本ではヨコのものをタテにするための英和法律用語辞典は多く出版されているが、和英法律用語辞典の出版は極端に少ない[2]。英和和英のハンディな辞書はあるが、いずれも和英の部分が手薄であり、物足りない。唯一、原秋彦『ビジネス法務基本用語和英辞典』[3]があり、非常に便利である。ただし、ビジネス用語中心であるので法令の英訳や法律文書一般の英訳には不足の部分がある。

　昔、私は、商社に勤めていて、しばしば日本の法律制度を海外の弁護士に説明する必要に迫られた。その際、日本の法制度をどうやって英語で説明するか、大変に苦労した。大陸法に属する国の弁護士が相手なら相手国にはだいたい似たような法律概念があるので、日本の法律用語の意味を大きな困難なく相手に理解させ

---

1)　伊藤重治郎編『増補和英法律語辞典』（大学書房、1972 年）1 頁
2)　前掲注 1 に引用の『増補和英法律語辞典』があるが、かなり古く、また、ビジネス関連用語の収録が少ない。英和・和英のハンディなものを除くと原秋彦『ビジネス法務基本用語和英辞典〔第 2 版〕』（商事法務、2013 年）くらいである。国語辞典では『新明解国語辞典〔第 8 版〕』（三省堂、2020 年）のように読んで面白い辞典があるが、この辞書も読んで面白い。また、日本語法律文書の英訳にも参考になる。
3)　原・前掲注 2

ることができる。しかし、イギリスや昔のイギリス植民地だった国の法であるコモンローは、ドイツやフランスのいわゆる大陸法とは根本的に発想が異なる。コモンローは、判例の集積から導かれた判例法を主体としている。考え方は帰納的である。大陸法は、ローマ法の法解釈の伝統のもとに成文法が法律の基本であり、そこから解釈によって具体的事件への適用がなされる。考え方の基本は演繹的である。基本的な考え方が違うから、基本的法律用語でも共通性がない。だからイギリスやアメリカなどのコモンロー系の法律を持つ国（以下「コモンロー国」という）の弁護士に対する説明は言葉の選択に窮する。しかも日本の主要取引相手にはコモンロー国の企業が多い。又、国際的ビジネスはコモンローの弁護士の主要な活躍場所であるから、相手は、コモンローの弁護士を連れてくる。相手が日本やドイツやフランスといった大陸法の国（以下「大陸法国」という）の企業であっても、交渉にはコモンローの弁護士を連れてくることが多かった。彼らを相手に「債権」や「意思表示」の説明をしようとすると全くお手上げ状態であった。あるとき、入社して数年目の私は、イギリス人弁護士を相手に、取引相手から何か「担保を取りたい」と言おうとした。しかし「担保」をどう表現してよいか分からない。イギリスの弁護士に「debtor の主要な assets に対する security interest[4] が欲しい」と言ったら、「security interest とはどういう意味だ。アメリカの言葉らしいが」と言われた記憶がある。そのとおりこれはアメリカ英語であって他のコモンロー国にはこの言葉はなかった。後述のように、英語には「担保権」に相当する言葉がない[5]。

---

4)　アメリカ統一商事法典第9編に規定されている動産担保権を意味する。

時は移り私は商社を辞めて大学法学部の教授となった。アメリカのいくつかのロースクールで日本のビジネス法を教える機会があり、再び日本法を英語で説明する苦労を味わった。教材として日本の民法や商法の基本的な条文を英語で引用しようにも、そもそも信頼できる読みやすい日本法令の英訳が見つからなかった。ましてや、判例の英訳や、判例評釈の英訳は皆無に等しかった。仕方がないから授業で使う英語教材作成はすべて自分で作成した。これには大変時間がかかった。外国の大学で英語で日本法を教えようとする人達が全員それぞれ独自にこのような作業をしていたのでは、社会的に大変な無駄である。特に、法令や判例のような資料について、教師ごとに翻訳を用意することは、日本全体から見れば二重三重の無駄な作業をしているわけで、非効率の極みである。さらに、こういう教材作りが面倒だから、日本の法

---

5)　こういう国際的意思疎通を常時行っている法律家の苦労は法学者以外の学者には分からないようである。ドイツの神学者であり哲学者のシュライアーマハーは「学問と芸術ではともに思索・詩作することを求めるが、ビジネス界と日常生活では言語内容が確定していて大抵は具体的でさえあるため、必要なのは機械的な置き換えだけだ」と言っている（カタリーナ・ライス＝ハンス・ヨーゼフ・フェアメーア著、藤濤文子監訳、伊原紀子＝田辺希久子訳『スコポス理論とテクストタイプ別翻訳理論──一般翻訳理論の基礎』（晃洋書房、2019 年）（以下「ライス／フェアメーア」と引用する）14 頁）が大きな間違いである。たぶん、現在の複雑な国際法務実務がなかった 19 世紀初めの、西ヨーロッパ大陸諸国だけの観察からの結論なのだろう。また、その反対の極論として同書では、例えば法律文のような原文は、「SL（source language 起点言語、原文の言語）の読者を対象とし、その期待やニーズ及び習慣にあわせたものであるため、定義上翻訳不可能である」と言っている（ライス／フェアメーア、44 頁）。不可能なものなら翻訳しなくともよいか、というとそう簡単な問題ではない。「翻訳可能性」についても、翻訳論ではよく議論されるテーマであるが、どの論者も「翻訳可能性」の意味を定義せずに論じている。

学の教授が海外に教えに行かないとか、英語で論文を書かないという例が出てくると、それだけ日本の法律情報の海外発信が滞る。その結果、「日本法はよくわからない、特殊なのではないか」という印象が外国人の間に広がってしまう。そうなると、国際取引交渉において契約の準拠法を決める段になって、相手方は得体のしれない日本法を準拠法とすることは困る、と強く抵抗するようになる。さらに、取引相手方は日本の裁判制度や仲裁制度がわからないから紛争解決手段はシンガポールの仲裁で解決したいと強く攻めて来ることにもなる。

　外国のロースクールの教授を日本の大学に招聘すると、彼らは、英語の法令条文と裁判例をそのまま教材として使うことができる。交換教授のような形で我々日本の大学の教授がアメリカやオーストラリアのロースクールや大学に行くと、日本から出掛ける教授達は苦心惨憺して英語の教材を作成しなければならない。つくづく不公平だと感じたものである。

2　日本語を母語とする人のための法律文書英訳術

　本書は、「日本語ネイティブ」が日本の法律文書を英語に翻訳するときの注意点やコツを説明し、次いで法律文書についての翻訳論（translation studies）について考えるところなどを著したものである。

　翻訳論は、20世紀後半から欧米で研究が盛んになった。私は、これを法律文書を英訳するときに参考にできないかと考えて勉強してみたのだが、結論としては後述のスコポス理論を除いて役

に立たないことが分かった。スコポス理論は、ドイツのカタリーナ・ライスとハンス・ヨーゼフ・フェアメーアが最初に主張した翻訳理論で、翻訳の目的が翻訳方法を支配する、という考え方である。それまでの主流は、原文の単語又は文（テキスト）を、翻訳先の言語による「等価（equivalent）」な単語あるいはテキストに置き換えることと考えてきた。その結果、原文への忠実性（fidelity）を重視する傾向が強くなった。これに対し、スコポス理論は、翻訳目的を重視するから原文に対する忠実性より翻訳の目的との関係での翻訳文の出来を重視することになる。スコポス理論については後述する。

3　日本政府による法令外国語訳の始まり

　私は、1999 年から始まった司法制度改革に関連して、司法制度改革のための立法措置を検討する委員会の一つであった「司法制度改革推進本部国際化検討会」の座長を命ぜられた。この委員会の主たる仕事は、司法制度改革方針に従った「外国弁護士による法律事務の取扱い等に関する特別措置法」（以下「外弁法」という）の改正であった。2004 年にはなんとか外弁法の改正の目途をつけることができ、その委員会は役目を果たして間もなく解散ということになった。その最後の委員会で、委員の一人から、せっかく「国際化検討会」という名前がついているのだから、外弁法問題以外の日本の司法の国際化に関する問題を議論してみようではないか、という提案があり、委員一人一人が日本の司法の国際化に関して問題と思うところを発言した。私は、日本の法令について整合性があり読みやすく信頼できる英訳がないことは問題である、と発言した。これが、翌日の新聞に小さく取り上げら

れた。そうすると、いろいろな経済団体などから、それは重大問題だから政府はすぐにでも日本法令外国語訳を始めてほしい、という要望が出された。そのため、いったん任務完了となった国際化検討会が再度招集され、言い出しっぺの私が引き続き座長として日本法令外国語訳のプロジェクトの可能性を探ることになった。これは私が昔からやりたかった仕事であるから喜んで引き受けた。日本の法律の国際化のためのインフラ作りに大きな貢献ができると考えたからである。そして国際化検討会には直ちに法令の条文の外国語訳のためのワーキングチームが結成された。それが、連綿と現在の法務省による法令外国語訳の作業に連なっている。

4　法令外国語訳での試行錯誤の経験

　法令の英訳は、初めての仕事であったからいろいろ間違いをした。最も基本的な間違いは、一つの法律用語に対しては一つの対応する英単語又はフレーズを割り当てようとしたことである。それは、商社時代の苦い経験が影響していた。当時、南米諸国の法律を調査する必要が度々発生した。私が英語と同程度にスペイン語ができればよいが、私のスペイン語は片言程度のレベルであり、法律文書をすらすら読むというわけにはいかない。

　仕方がないから、南米諸国の法律資料を英語文献で調査した。ある時、ペルーの会社法を調査した。ある英語文献ではペルーには public company という法人型式があると説明があり、他の文献では joint stock company という法人型式があると説明があり、business corporation という法人形式があるとする文献もあった。これらの英語がすべて同じ法人形式を指しているのか、あるい

はそのいくつかは株式会社に似た sosiedad anónima（ソシエダ・アノニマ）を指しているのか、あるいは有限会社に似た sosiedad commercial de responsabilidad limitada を意味しているのか分からない。原文に当たったところ、すべて同じで、株式会社類似の sosiedad anónima を意味していたことが分かった。すなわち、ペルーの法律の英語解説を読んだだけではそれぞれの文献の著者が使う英訳語の違いのためどういう会社法制度なのか分からないということになる。結局はスペイン語の原文を読まないと仕事にならないとの結論になった。日本の法令が英訳された場合、同じように「株式会社」という言葉をいくつかの異なった英語に訳したら[6]、利用者は私と同様に混乱する。その結果せっかくの翻訳に対する信頼が損なわれ、翻訳文は使い物にならなくなる。もし、統一的な法令の英訳作業を始めるなら、そこで使われる法律用語の訳語はすべての法令に関して整合的に統一されなければならない、と考えた。ペルーの会社法の英語解説本のように、sociedad anónima に、何種類もの訳語を使うことは混乱を招くばかりである。

　そこで法令英訳の作業が始まった当初は、一つの法律用語に対しては一つの英訳語を割り当てようとした。これは大変に初歩的ミスであった。日本の特定の法律用語に近い意味を持つ訳語を見つけても、(1)その英語の意味は日本語の法律用語より狭い意味しか持たないので、日本の法律用語の訳語としては文脈に応じ

---

6)　実際に、当時は、「株式会社」の英訳語として business corporation, joint stock company, public company, business corporation が使われており、さらにはローマ字表記にしただけの kabushiki-kaisha も使われていた。

ていくつかの訳語を列挙せざるを得ない場合（例えば、「債権」を claim と訳した場合、他にも文脈に応じて account receivable, credit, right in personam ）、(2)候補の英訳語が他の事柄も包含して日本語の法律用語より広い意味を持つ場合（例えば、「過失」を fault と訳した場合、英語の fault は故意を含む過失より広い概念でむしろ帰責事由に近い）、(3)対応する英語が全くない場合（例えば「法律行為」）──が出てきた。要するに、日本の法律用語とそれに対応すると考えた英訳語の意味には、その広狭に大きな差があるし、そもそも対応する英訳語のない場合も多い。それに応じて訳語も複数掲載するとか、訳に注をつけるとか、工夫をしなければならない。実際には、日本の法律用語に常に 1 対 1 の対応関係に立つ訳語が見つかる場合は例外であり、非常に少ないのである。「債権」のような日本の法律の基本的用語ですら英語 1 単語であるいは英語フレーズで表現することは不可能で、文脈に応じて訳し分ける必要があることが分かった。また「法律行為」や「業者」のように、対応する英語が全くない言葉もある。これらは場合によっては文脈に応じていくつかの英語に訳し分けなければならない[7]。「業者」はいくつかの訳語を列挙するだけでは解決せず、法務省の日本法令外国語訳データベースシステムの法令用語日英標準対訳辞書（以下「標準対訳辞書」という）[8]では、日本語で「〜業者」と言われている業者が、英語で実際どのように呼ば

---

[7]　「法律行為」や「処分」では、それぞれ juridical act, disposition と英語として多少不自然でも、一つの訳語しか使わない。どういう場合に一つの訳語で統一し、どういう場合に文脈に応じて訳し分けるか、基準はまだ決まっていない。面白い問題である。

[8]　https://www.japaneselawtranslation.go.jp/ja から「辞書検索」をクリックする。

れているかの例を示すに止まっている。実際に法令の英訳を進め
てみると、新しい問題に直面することが多く、何度もの試行錯誤
を経て、現在の標準対訳辞書が出来上がった。

　上記のような事情で、にわかに編成された法令英訳のための
ワーキングチームは、手探りで日本法令の条文を英語に翻訳する
作業を開始した。基本方針は、英語を母国語とする人たちが読ん
で意味を理解できる読みやすい英語に翻訳することである。日本
の法律用語に関しては英語に1対1で対応する訳語がほとんどな
いとはいえ、少なくとも日本の法律用語の訳語として日本語にで
きるだけ近い意味を持つ英語の単語又はフレーズを指定し、すべ
ての法令訳文でできる限りこの訳語だけを使うようにして、法令
全体で訳語に整合性を持たせることとした。そのためには、法令
翻訳に関係する多数の人々が依拠すべき法令翻訳のための対訳辞
書を作成し、その辞書の訳語を使用してもらう必要がある。しか
し、辞書作りには時間がかかる。少なくとも数年はかかる。法令
翻訳辞書が完成してから法令英訳を始めたのでは、肝心の法令英
訳に着手するまでに何年もかかってしまう。司法制度改革を担当
していた内閣官房からの指令は、拙速でもよいから急いで日本
の法令の翻訳を進めよ、とのことであった[9]。そこで内閣官房が
名古屋大学大学院情報科学研究科の協力を得て、デジタル技術を
使って最初の標準対訳辞書を作ることとした。名古屋大学は、そ
れまでに政府機関がいろいろな目的のため英訳した法令を収集し、
それをコンピュータで分析し、標準対訳辞書のたたき台を作成し

---

9)　大げさであるが、箕作麟祥が明治の司法卿の江藤新平から「誤訳も妨
　げず、ただ速訳せよ」と言われたような状態に近いかもしれない。

た $^{10)}$。標準対訳辞書の最初の姿である。

　翻訳された法令の主たる想定利用者は、英語は理解するが日本語が理解できない人で、法律家ばかりではなくビジネス・パーソンも含めることとした。つまり、日本法令の英訳の主たる利用者と思われた法律とビジネス関連の知識人である。したがって、法律家だけが分かるような特殊法律用語（legal jargon）はなるべく排除することにした。しかし、法律家でもなくビジネスにも無関係の人まで理解してもらえるレベルにまで平易な英語にすることはしないこととした。

　次に、英訳文から原則としてローマ字を排除することとした。過去に英訳された日本の法令や法律文書の英訳をみると、日本の法律用語をローマ字表記にしたものが散見された。前掲注 6 の *kabushiki-kaisha* がよい例である。ローマ字表記は、表記だけがアルファベットになっただけで日本語に変わりはない。決して英語への翻訳ではない。英語は理解するが日本語が理解できない人には当然理解できない。「上告」の訳語として *jokoku* appeal も昔、よく使われた言葉である。表記方法を変えただけでは翻訳をしたことにはならない。しかし昔はそういう「翻訳もどき」がまかり通っていた。他にも控訴を *koso* appeal, 懲役を *choeki* imprisonment などと訳していた例があった。また、ラテン語の使用もできるだけ避けることとした。英語の法律用語には、ラテン語由来の言葉が多い。これも翻訳の主たる利用者と想定した人

達にはビジネス・パーソンが含まれるから、この人達が分かるように、という趣旨からである。しかし、コモンローの法律用語にも、ラテン語をそのまま使っているものも多い。他に適切な選択肢がなければ、最後の手段としてラテン語法律用語を使わざるを得ない。その場合には利用者にはLegal Dictionaryを使って意味を調べていただくしかない。

5　法務省の法令外国語訳（JLT: Japanese Law Translation）[11]

司法制度改革推進本部国際化検討会内に設けられたワーキングチームは基礎的作業を終え、その後、法令翻訳の仕事は内閣官房を経て今では法務省が法令外国語訳の推進を所管している。法令翻訳の基本的事項は、法務省内の日本法令外国語訳推進会議が決めている。

6　本書が対象とする法律文書の範囲

法令条文の英訳に関しては、JLTのウェブサイト[12]で約800以上の法令が翻訳されているから、本書の読者が法令条文を翻訳

11）　JLTについては英文の紹介論文がある。Takashi Kubota and C. Christian Jacobson, *Overview and Tips for Foreign Researchers Using the Japanese Law Translation (JLT) Website,* 40 Waseda Bulletin of Comparative Law Annual Report 2020, 1 ; Kayoko Takeda and Yasuhiro Sekine, Ch. 13 *Translation of Japanese Laws and Regulations,* Le Cheng, King Kui Sin and Anne Wagner ed., *The Ashgate Handbook of Legal Translation,* Ashgate. (2014)

12）　http://www.japaneselawtranslation.go.jp から「法令検索」をクリック。

する機会はそう多くはないだろう。それでも企業や弁護士事務所などでJLTに訳文が掲載される前に新法令やまだJLTのウェブサイトに翻訳が掲載されていない法令に関して翻訳の必要があるかもしれない。本書が対象とする法律文書翻訳の主たるものは、法令の他に、訴訟や仲裁の陳述書、訴状・答弁書、仲裁準備書面・主張書面、仲裁申立書・答弁書、判例、判例解説、法律参考書、法律意見書、海外への新法律の紹介・連絡、日本語法律論文などを想定している。

7　本書が対象とするのは日本語から英語への翻訳

　本書では、日本語から英語への翻訳を考察の対象とする。英語から日本語への翻訳に関しては参考書が既に多数あり、それは多くの人にとってさほど困難な作業ではないからである。他方、日本語法律文の英訳は難しく参考書も少ない。英訳だけに限定し、中国語やスペイン語やその他の外国語への翻訳を扱わなかった理由は筆者の能力の問題である。法務省の日本法令の外国語訳も、とりあえず英訳を進めることとしている。これは英語が世界共通語になりつつある現状と、英語以外の言語に日本の法令を翻訳できるような人材は極端に限られているからである。

　英語にも、アメリカ英語とイギリス英語、その他の派生英語があるが、JLTでは原則としてアメリカ英語としている。これは、内閣官房での法令外国語訳のプロジェクトが始まったときに関係者と了解したことである。理由は単純で、法令外国語訳プロジェクトに参加していた人の多くが、私も含めイギリス英語よりアメリカ英語に慣れていたという理由である[13]。以上のことは原

則であり、アメリカ英語の法律用語がアメリカ以外のコモンロー諸国であまり知られていない独特の言葉である場合には、コモンロー諸国で一般的に用いられる言葉を使う方がよい場合もある。法令の翻訳ではなく、個別の翻訳であれば、翻訳の利用者がアメリカ英語に慣れた人であるか、それ以外の英語に慣れた人であるか、目的によって用語を変える必要があろう。例えば「収用」という言葉は、一般的には英語では expropriation を使うことが多い。特に、投資関係法を含む国際経済法では expropriation を使う。ところが、アメリカだけは condemnation や eminent domain を使う。そこで「収用」の英訳語ではアメリカ地域を除いて一般的な expropriation を使うことにしている。

　本書が、日本語から英語への翻訳を考察の対象とした理由には、日本の法律情報の海外発信をもっと盛んにしたいという希望もある。法学に関しては、外国語による日本からの日本法に関する情報発信が非常に少ない。海外に日本の法律情報を発信するためには、事実上の世界語になっている英語で行うことが必要である。日本からの研究者による法律情報発信、すなわち英語による法律論文の発表が少ない理由は、一つには英語で論文を書くことは日本語で論文を書くより数倍の時間とエネルギーを必要とするからである。本書によって、英語での日本の法律情報の発信が少しでも楽になればもっと日本の法律は国際化するだろう。

---

13)　アメリカ英語とイギリス英語の区別は面倒であるが、このような面倒なことにしたのはウェブスターとのことである。メアリ・ノリス、有好宏文訳『カンマの女王──「ニューヨーカー」校正係のここだけの話』（柏書房、2020 年）34 頁

　英語で法律論文を書く際の主要な障害は、日本の法律用語の適切な英訳語を見つけることが難しく、さらに引用できる法令条文や裁判例や論文の英訳がほとんどないことである。英語で論文を書いている最中に、日本の法律用語の適切な英語表現を考えなければならない事態になると、そのために非常に時間を取られる。さらに、論文構想を練っていても、適切な訳語探しのために本論への集中ができず、気が散ってしまう。現在では、日本の法律用語の中で法令に使用されている法令用語については、標準対訳辞書の整備が進んでいるのでこれを利用できる。かなりの数の法令の英訳は JLT に掲載されている。この 2 つのツールで、英語での法律論文執筆はかなり楽になったはずである。

8　法務省の法令外国語訳の作業の流れ

　JLT の法令英訳では、翻訳対象の法令を管轄する府省庁が、英訳すべき重要法令を選択し、翻訳業者を使って翻訳し、それを法務省の法令外国語訳担当課に送付する。翻訳業者を起用するときには、業者に必ずネイティブ・チェックを要求するよう、各府省庁に依頼している。この各府省庁から送付された翻訳を、法務省の英語ネイティブと日本法令外国語訳推進会議メンバー（学者と弁護士）が翻訳の質のチェックをする。箸にも棒にもかからないひどい訳であれば、担当府省庁にやり直しを依頼する。法令外国語訳のプロジェクトを立ち上げたときは、箸にも棒にもかからない質の悪い翻訳が時々送付されてきた。当初の心配は、各府省庁は入札で翻訳業者を選定するから、その結果安かろう悪かろうの翻訳ばかり出てくるのではないかということだった。しかし、そのような質の悪い翻訳は、時が経つにつれて非常に少なくなった。

想像であるが、その原因は、第一に標準対訳辞書の収録単語数の増加と内容の改善、さらにはネイティブ・アドバイザー・コーディネーターが中心になって法令英訳の急所と勘所をまとめた「法令翻訳の手引き[14]」の整備にあったようである。法令を英訳する場合に、重要概念を不適切な訳語で翻訳すると、その不適切な訳語を含む文章全体の趣旨が間違った方向に翻訳されてしまう。しっかりした訳語が選択できるようになり「法令翻訳の手引き」ができたことが箸にも棒にもかからない翻訳が少なくなった原因の一つなのではないか、と推測している。もう一つ、考えられる原因は、翻訳を委嘱する翻訳業者の選別が進んだのではないか、ということである。昔は箸にも棒にもかからない品質の悪い翻訳が法務省に送られてきた場合には翻訳を送ってきた各府省庁に翻訳のやり直しを依頼することとしていた。たぶん、やり直しを依頼された府省庁は、問題の翻訳業者を呼んでやり直しをさせたであろう。しかし、どうにもならない訳文提出の原因はその業者の翻訳能力が低いことにあるのだから、やり直したからといって翻訳の英文の質がよくなることはない。何度もやりなおしをさせられる結果になるだけである。結局はその翻訳をボツにしてしまうしかない。そうすると、質の悪い翻訳をした費用が全く無駄になってしまう。そういうことで各省庁も、質の悪い翻訳業者を起用しないようになってきたものであろう。

---

14)　法務省大臣官房司法法制部「法令翻訳の手引き」http://www.japaneselawtranslation.go.jp//ja の左側の「その他」をクリックし、「関連情報」をクリック。

9　標準対訳辞書の限界

　標準対訳辞書は、法令外国語訳の作業のために作られ整備されてきた。したがって、原則として法令に出てこない法律用語については見出し語として掲載されていない。例えば法律学術用語である。逆に、法令に頻繁に使用されるが法律用語ではない言葉も、法令翻訳をやりやすくする効果があるなら見出し語として掲載している。そのような例の一つとしていくつかの基本的会計用語がある。

　日本法文化の輸出という観点からみたときは、法令に出てくる法律用語ばかりではなく、法律参考書や論文に出てくる法学で使用される法律学術用語の訳語も掲載したい。「観念的競合」や「典型契約」や「双務契約」などの法律学術用語の訳語は収録されていないから、英語で日本の法学の論文を書こうとすると、基本的重要概念の英訳語を自分で考えなければならない。しかも、そういう専門用語こそドイツ概念法学の伝統を引きずっていて、対応する英語がないから、英訳が非常に難しい。こういう法学専門用語が多数見出し語として収録できれば、標準対訳辞書は、日本の法情報の発信のためにより便利なものとなろう。今後の課題である。それまでは、法令には使われない法律学上の法律用語の英訳は、自分で最適訳を探すしかない。後述の「第 5 章　標準対訳辞書にない法律用語の訳語の見つけ方」が参考となろう。

10 非常に広い翻訳の世界

「翻訳」とはなんだろう。翻訳は、ある言語を使って表現された情報を別の言語に置き換えることだけではない[15]。翻訳は同時に通訳も含む。手話も含む。フランス語で書かれた小説を日本語に翻訳する場合は、言葉の置き換えばかりではなく、文化の伝達も行っている。レ点による漢文読み下し（漢文訓読）も翻訳の一つである。その範囲は非常に広い。その広い「翻訳」の世界を該博な知識で解説した本が、マシュー・レイノルズ、秋草俊一郎訳『翻訳——訳すことのストラテジー』（白水社、2019年）である。後述するように、一部の著作を除いては、欧米の翻訳論の参考書は、対象がほとんど西欧語に限られており、翻訳論の対象も文学、聖書、ローマ法に限定され、狭い範囲の「翻訳論」になっていることが、内容の妥当性の範囲を限定させ、面白味を大きく減じている。それに反してマシュー・レイノルズの本書は検討の対象が格段に広い。比較検討される翻訳の言語は、現代西欧語の他に、ラテン語、古典ギリシャ語、日本語、中国語、マレー語、アラビア語、イボ語が含まれている。対象の原文資料も、文学はもとより日本語のコミックの吹き出しも、戯曲も含まれている。EU議会の通訳・翻訳も論じられている。一人の作家が、複数の言語で文学の創作活動をする多言語創作も論じられている。ドイツ語と日本語で作品を発表している多和田葉子にも言及して

---

15) マシュー・レイノルズは、「『ある状況で交換可能』な語を見つけることが翻訳だという考え方に欠陥がある」と言っているが、まったくそのとおりである。マシュー・レイノルズ、秋草俊一郎訳『翻訳— 一訳すことのストラテジー』（白水社、2019年）54頁

いる。翻訳家と作家の両面を持つ村上春樹への言及もある。従来の欧米の翻訳学は、ともすれば狭い範囲に閉じこもっているが、マシュー・レイノルズのこの本は、非常に広い視野から翻訳を論じている。面白いことに、彼は伝統的な翻訳論にほとんど触れていない。日本の翻訳に関する論考のほとんども、欧米の翻訳学の本の翻訳を除いて欧米の翻訳論に触れていない。その理由は想像の域を出ないが、欧米の翻訳論が、翻訳の世界の一部しか説明できておらず、また、日本の翻訳に関する論述が同様に翻訳の多様な技巧に焦点を当てているのに対し、欧米の翻訳学が科学（science）としての翻訳論を打ち立てようとしているからではなかろうか。欧米の翻訳論は、論理的に linear に結論を導こうとしているのに対し、マシュー・レイノルズと日本の翻訳論は、様々な翻訳を広く概観して法則を見いだそうとしているのではなかろうか。

11　翻訳論 (translation studies) について

本書の最後に、欧米の翻訳論（translation studies）についても触れた。欧米では、翻訳の本質についての議論が盛んである。特に 20 世紀後半に盛んになった。しかし、欧米の翻訳論の多くは、ヨーロッパの言語間での文学書の翻訳を暗黙の前提としていることが多く、いわゆるスコポス理論以外は、日本語と英語間の法律文書の翻訳を念頭において読むときには大きな違和感を感ずる。後に 9 章で詳しく述べる。

さらに、欧米の翻訳論はまだ発展途上の学問で百家争鳴の状態にあり、スコポス理論を除いて、そこから法律文書の英訳の指針

を得ることは難しい。本書の主題である法律文書の英訳術には役に立たないと思うのでスコポス理論以外は簡単にしか触れていない。スコポス理論は、翻訳に関する判断決定は、その目的によって決まる、という立場をとる[16]。多くの翻訳論の中で、スコポス理論あるいは機能主義（functionalism）と言われている理論は、私の個人的意見では、翻訳に関する一般理論として良い翻訳をする上で参考になることが多い。スコポス理論による翻訳学の参考書の中ではクリスチアネ・ノードの *Translating as a Purposeful Activity: Functionalist Approaches Explained, 2nd ed.*[17] が面白い。スコポスとは、ギリシャ語で「目的」の意味である。なぜ、ギリシャ語を使ったのか理由は不明であるが意味はあまりなさそうである。さらに翻訳学に興味のある方々のために「第9章　翻訳論又は翻訳学」で翻訳論に関する推薦参考書を紹介した。

---

16)　ライス／フェアメーア・前掲注5、94頁
17)　Christiane Nord, *Translating as a Purposeful Activity: Functionalist Approaches Explained, 2nd ed.*, Routledge. (2018)

第 2 章

法令や判例と
その他法律文書の翻訳の
目的の違い

1　翻訳の目的確定の重要性

　スコポス理論がいうように、翻訳においては翻訳の目的が非常に大切である[1]。「ライス／フェアメーア」にしばしば登場する例であるが、セルバンテスのドンキホーテを風刺に富んだ現代人の大人向けの物語として翻訳するのか、お子様向けに翻訳するのかでは翻訳の仕方が異なってくるのは当然であろう。法律文書の翻訳でも、翻訳の目的によって翻訳の仕方が異なってくる。例えば日本の法律文書を法律体系の似ている韓国向けに英訳するのか、日本とは全く法律体系の異なるアメリカ向けに翻訳するのか、あるいはアメリカの法律家向けに翻訳するのか、英語しか分からない刑事被告人に対して法廷通訳を行うのか、では翻訳の仕方が当然に異なる。その具体例の一つを本章4で紹介している。

　法律文書の英訳については、大きく分けて(1)法令条文、判例などの裁判所による法律解釈の根拠になる文書、裁判所に提出する陳述書、証拠書類、契約書や覚書など、裁判手続で当事者の意思解釈の証拠となる資料（以下、これらを「法律解釈基本資料」という）の翻訳と、(2)事実、思想及び主張の伝達を目的とする一般法律文書の翻訳とを区別する必要がある。

---

1)　マシュー・レイノルズは、翻訳が目的に応じて大幅に変わることは「あまりにあたり前のことなので普通はそれを意識すらしないのだ」と言っている（マシュー・レイノルズ、秋草俊一郎訳『翻訳——訳すことのストラテジー』（白水社、2019年）56頁）。スコポス理論が「理論」と言えるほどのものか、私も疑問であるが、にもかかわらず、スコポス理論の本が面白いのは、著者達が皆「翻訳」を大学院で教えており、その豊富な翻訳経験が生み出す解説が、的を射ているからであろうか。

2　法律解釈基本資料の翻訳

　法律解釈基本資料の英訳の目的は、情報の伝達というより行為規範の解釈の基礎となる資料を英語を分かる人たちに提供することである。昔、フランスにあったキログラム原器を複製して各国に配布するようなものである。法令条文の翻訳の場合は、法律というものは万人がそこに解釈の原点を求める基準であるから、翻訳者の主観的解釈をできるだけ排除した客観的翻訳であることが求められる。聖書やローマ法のような権威のある文書の翻訳でも同じ事情が妥当するだろう。

　翻訳にあたり翻訳者による原文の主観的解釈を完全に排除する手段はない。翻訳には多かれ少なかれ、原文の解釈が必要であり、どこまでが客観的解釈で、どこからが主観的解釈になるか、その合理的判断の基準はない。そこで、機械的に逐語訳をすれば翻訳者の主観的解釈をミニマイズできそうだという根拠薄弱な期待に頼る他はない。他に翻訳者の主観的解釈を排除するよりよい手段がないから、とりあえず法律解釈基本資料の文書の翻訳には、機械的逐語訳が無難ということである。

　しかし、これは原則であり、翻訳目的によっては例外を作らざるを得ない。例えば、後述の「当分の間」という日本語は法律用語にしてはいかにも大雑把で曖昧な表現である。その意味は「別段の立法がなされるまで」という意味であるから、私はuntil otherwise provided for by law とすべきと考える。後述のように「確定日付」や「債務名義」の訳語も同様に逐語訳ではなく意訳

した方がよい。どういう場合に例外が生ずるかということについて基準を設けることはできないように思う。翻訳者の判断の問題になろう。

3　一般法律文書の翻訳と翻訳者による解釈・補充

　法律解釈基本資料以外の一般法律文書では、翻訳の目的は多くの場合、事実と思想と主張に関する情報の伝達である。したがって、原文で伝えようとする情報が伝達されなければ、あるいは翻訳文の読者がその意味を理解できなければ、翻訳をした意味がない。このような一般の法律文書では、翻訳者が解釈し理解した原文の意味を翻訳文の読者が十分に理解できたかどうかが重要な要素となる。また、翻訳文の読者の理解度は、読者の属性によっても変わるから、どのような層の読者をターゲットとするかによっても翻訳方法が異なってくる。法律家向けの翻訳であるのか、あるいは法律に全くの素人向けの翻訳であるのかによって翻訳作法が異なってくるのは当然である。例えば、法律専門家向けの翻訳か、法律専門家ではなくとも大学卒レベルの知識人か、あるいは英語が母語ではない在日外国人労働者向けなのか、によって翻訳方法が異なる。次の本章 4 には、漢字を含む書面読解と法律用語が多用される法廷通訳の仕事に不安を感じていた英語／ビザヤ語の法廷通訳人に対する日本語／英語の通訳者の経験を紹介している。これは法律解釈基本資料の通訳の例であるが、法廷通訳の事例では、原語の日本語の意味が最終的に通訳を通じて翻訳の受益者である当事者に通じなければ翻訳あるいは通訳の基本的機能は果たされていない。

4　意味の伝達の目的と法律解釈基本資料翻訳の逐語訳選好とのバランス

　佐藤＝ロスベアグ・ナナ編『トランスレーション・スタディーズ[2)]』に少数言語話者が刑事事件の被疑者になったときの法廷通訳者の苦労の話が載っている[3)]。大変に参考になる話である。紹介された例では、被疑者は、フィリピンの一部で使用されているビザヤ語を母語とし、日本語を理解できない。そこでビザヤ語／英語の通訳人を起用し、さらに英語／日本語の通訳人を起用した。まずは、法廷の日本語を日本語／英語の通訳者が英語に通訳して英語／ビザヤ語の通訳者に伝え、英語／ビザヤ語の通訳者がこれをビザヤ語に通訳して被疑者に伝えるという、2段階通訳を行った。そのビザヤ語通訳者の日本語能力は難しい日本語を理解するには十分ではなかったようである。ビザヤ語／英語の通訳人は、漢字を含む書面読解と法律用語が多用される法廷通訳の仕事に不安を感じていた。その不安のため、日本語／英語、英語／ビザヤ語の2段階通訳の起用となった。法律用語に不安を感ずるビザヤ語／英語通訳人のために起訴状などの書面について簡易版書面が用意された。しかし、この簡易版でも「金品強取」「態様」「悪辣」「峻烈」「慰謝の措置」「斟酌する」「齟齬する」などの一般人には難解な文言が残っており、「観念的競合」[4)]という言葉も使われていた。その結果、ビザヤ語／英語通訳人は、「書面の読み上げ時には、ほとんどの単語を理解できず、英語通訳を聞いてよ

---

　2)　佐藤＝ロスベアグ・ナナ編『トランスレーション・スタディーズ』（みすず書房、2011年）
　3)　毛利雅子「日本の法廷における少数言語話者被疑者公判と言語等価性維持の課題」佐藤編・前掲注2、247頁

うやく全体の意味を把握できるという状況であった」。

　法廷通訳が通訳する発話あるいは書面は、裁判官の判断の基礎となるものであるから、通訳の主観的解釈を排除し、できる限り客観的翻訳でなければならない。しかし、主観排除以前の問題として、翻訳であるからにはオリジナルの発言を英語で２段階目の通訳者に意味が伝わるように翻訳しなければならない。意味が２段階目の通訳者に伝わらないのでは「通訳」の目的は果たせない。例えば「観念的競合」のようなドイツ概念法学の典型の単語をそのまま直訳しても、英語で発言を理解しようとする人にはこれが理解できるはずがない。「観念的競合」の意味は、１つの行為で２つの罪に該当することをいう。職務質問をしようとした警察官に暴行をはたらき怪我をさせた者は、公務執行妨害罪にも該当するし、傷害罪にも該当する。この場合は、公務執行妨害罪と傷害罪の観念的競合が成り立つことになる。法廷通訳ハンドブック[5]では、「観念的競合」の英訳語として、concurrent crimes; crimes of conceptual concurrence; a single act constituting multiple crimes の訳が掲載されている。いずれも逐語訳ではない。最後の訳がちょっと長いが最も分かりやすいだろう。

　このビザヤ語を最終翻訳先言語とする法廷通訳の例では、英語

4）　ドイツ語で Tateinheit, Idealkonkurrenzrecht，後者を直訳すれば、concurrent law idea か。
5）　最高裁判所事務総局刑事局監修『法廷通訳ハンドブック　実践編【英語】〔改訂版〕』（法曹会、2011 年）130 頁

／ビザヤ語通訳人が日本語の発話の意味内容を正確に理解できるように、日本語／英語の通訳人が解説や補足説明をして英訳する必要がある。いわゆる「厚い翻訳」[6]が意味を伝えるためには必須となる。原語を原則どおりに逐語訳をやっていたのでは、本件の場合、通訳の目的は果たせない。被疑者は、チンプンカンプンのままとなり、被疑者の人権は大きく損なわれる。

5　「等価」という "equivalence" の訳語について

　欧米の著名な翻訳論のほとんどが原文と翻訳文の「等価」ということを論じている。英語では equivalence である。原文の単語あるいはテキストを、翻訳先の原語で「等価」な単語あるいはテキストに置き換えることが翻訳である、という考え方である。「等価」は一般的に equivalence の訳語として日本語の翻訳論で定着しているが、これはミスリーディングな訳語で不適切な訳であると考える。「等価」は「価値」や「価格」が等しいことを示唆する。しかし、意味内容ではなく、単語そのもの、テキストそのものに「価値」も「価格」もない。少なくとも相互に比較可能な価値は持たない。もちろん、金言や格言など、「価値」のあるテキストもあるし、毎年「今年の漢字」に選ばれる字や書家に書いてもらって額に入れるような字も価値があるかもしれない。しかし、原文の単語やテキストとそれを翻訳先の原語に翻訳した単語やテキストそのものには固有の価値、あるいは比較できる価値はない。「犬」という言葉と "dog" という言葉は等

---

6)　佐藤＝ロスベアグ・ナナ『学問としての翻訳――「季刊翻訳」「翻訳の世界」とその時代』（みすず書房、2020 年）179 頁

しい価値あるいは価格を持つ、という文は日本語として支離滅裂である。「価値が等しい」という以上、比較のための客観的に価値を計る基準が必要である。そのような基準は存在しないし、翻訳論のどの参考書でもそのような基準は提示されていない[7]。equivalence は *Oxford English Dictionary, 3rd ed.* によれば、the condition of being equal or equivalent in value, worth, function, etc. とあるから value, worth において等しいという意味で「等価」としたのかもしれない。しかし、value, worth が等しい場合に限られるわけではなく function その他において等しい場合も含まれる。さらに、竹林滋編集代表『新英和大辞典〔第 6 版〕』（研究社、2002 年）では、value の意味の 6 番目に「（語句などの）真義、意義、意味」とある。例文として the value of a word と出ている。語句や文が equivalence の場合の value において equal 又は equivalent ということは、日本語の「価値」が等しい又は同等なのではなく「真義、意義、意味」において等しいか又は同等なのではないだろうか[8]。本来なら「等義」とでも訳すべきものだった[9]。しかし、日本の翻訳論では equivalence の訳語として「等価」がすっかり定着してしまっている。そこで本書では欧米の翻訳論でいう equivalence にやむを得ず「等価（等義)」という訳語を当てることとする。翻訳論で定着した用語の「等価」と同じ意味であり、かつ、それは価値が等しいという意味ではなく、

---

7)　「等価」論の問題点については、Jeremy Munday, Sara Ramos Pinto and Jacob Blakesley, *Introducing Translation Studies, Theories and Applications, 5th ed.*, Routledge. (2022) 57-59（以下、本書を「Jeremy Munday 5th ed.」と引用する）
8)　Nida は value という言葉を似た意味の言葉群の「類」別を示すものとして使っているようである。Jeremy Munday 5th ed., 55, 56

意味が同等であるという意味の「等義」であることを示すためである[10]。

　翻訳理論における「等価（equivalence）」概念には問題が多い。私は、翻訳に関しては「等価（equivalence）」概念を使うべきではないと考える。Jeremy Munday, Sara Ramos, Pinto and Jacob Blakesley, *Introducing Translation Studies, Theories and Applications,* 5th *ed.*（以下 "Jeremy Munday 5th ed." と引用する）では、等価概念に対するいくつかの批判を紹介している[11]。例

---

9)　しかし Anthony Pym, *Exploring Translation Theories, 2nd ed.*, Routledge (2014) の第2章の出だしで次のように言っている（柏木訳）。「本章は、ある言語で言ったことが他の言語に翻訳されたとき同じ value（同じ値打ち（worth）または機能（function））を持ち得る、という考えから始める。起点テキストと翻訳のそのような関係は一種の equivalence (equal value) であり、それは形式（form）レベルまたは機能（function）レベルあるいは、その中間のレベルであり得る」と言っているから、Pym は equivalence に言語やテキストの価値あるいは値打ち（worth）を含めている。しかし、言語やテキストそのものの値打ち（worth）はあり得ないし、まして、「ある言語での言葉又はテキストと<u>等しい『値打ち（worth）』</u>を持つ他の言語の言葉又はテキスト」という文章は、2つの言語による言葉又はテキストの値打ち (worth) が等しいと客観的に比較することはできないからナンセンスである。少なくとも、ジェレミー・マンデイとライス／フェアメーアでは、equivalence に日本語の意味の「価値」の同等性は含めていない。なお、Pym は、翻訳を取引とみなし「等価とは、同等の交換価値を持つ交渉可能な実体であり、翻訳者が交渉する」という法律家から見ると理解不能の考え方を持っているようである。モナ・ベイカー＝ガブリエラ・サルダーニャ編、藤壽文子監修・編訳、伊原紀子＝田辺希久子訳『翻訳研究のキーワード』（研究社、2013年）57頁
10)　マシュー・レイノルズは、「翻訳はソーステキストと同一のものをうみだそうという試みではない」と言っている。（レイノルズ・前掲注1、152頁）

えば、ある学者は、「等価理論」は過度に単語レベルにこだわっていると批判する。ある学者は、2つの原語の間で等価の効果を見つけることは不可能である、と言っている。等価問題の全体が、翻訳者と解説者の主観的判断によることは避けられない、と批判する者もいる。もっともジェレミー・マンデイ自身は等価概念を有用なものと見ている。

6 「逐語訳」と「意訳」

洋の東西を問わず、翻訳論で激しく議論されてきたテーマの一つが直訳、逐語訳、逐字訳[12]、意訳、自由訳[13]、義訳[14]、置換訳、換言訳、模造訳、翻訳[15]などと呼ばれる翻訳方法あるいは翻訳スタイルのどれによるべきか、ということである[16]。しかし、多数の論者が熱っぽく議論しているわりには、ほとんどの論者はこれらのいずれの語についても全く定義せずに、しかも議論の目的も示さずに議論している。したがって、議論が噛み合っているのかどうかも分からない。これらの言葉には論者それぞれの考える主観的な意味があり、さらに論者の好き嫌いの主観的価値判断に基づいて議論をしているように思える。法律家は言葉の定義にこだわる。その目から見ると、翻訳論の論者達は、あまりにも言葉の定義を軽視して議論しているように見える。直訳と意

11)　Jeremy Munday 5th ed., 57-59
12)　柳父章＝水野的＝長沼美香子『日本の翻訳論　アンソロジーと解題』（法政大学出版局、2010年）156頁
13)　柳父ほか・前掲注12、279頁
14)　柳父ほか・前掲注12、45頁、156頁
15)　「置換訳、換言訳、模造訳、翻訳」については、柳父ほか・前掲注12、62頁

訳の区別のメルクマールは誰も議論していない。どこからが逐語訳でどこからが意訳か、その分水嶺をはっきりさせる議論もない。例えば、「逐語訳」を良しとする論者も、さすがに good morning を「好朝」と翻訳するような極端な逐語訳が良いと主張しているのでもなさそうである[17)]。だから、逐語訳、意訳等を議論しても、議論がかみ合っていない。多くの翻訳論を読むと、ぼんやりと逐語訳の意味が浮かび上がってくるようであるが、その浮かび上がった意味は、英文和訳の場合であれば「原文のそれぞれの単語を英和辞典を使って翻訳先の言語である日本語に置き直し、文法にしたがってその配列を調整した翻訳」というものである。日本語での逐語訳も外国語での逐語訳でも、この定義から大きく外れてはいないようである。「逐語訳」は初心者向けの語学教材の作成には向いているとライス／フェアメーアが指摘しているが[18)]、上記のようにその内容を理解すると、このライス／フェアメーア

---

16)　ミカエル・ウスティノフ、服部雄一郎訳『翻訳──その歴史・理論・展望』（文庫クセジュ、2008年）8頁では「今日ではそうした変形（好き勝手に原作の文字から逸脱した訳のこと（柏木注））は受け入れられず（それらは翻案と見なされるようになる）可能な限りの逐語性を示すことが求められている」というが、なぜ逐語性が求められるのか、というその合理的理由あるいは根拠については説明されていない。「逐語訳」にあらずんば「翻案」である、といわんばかりのニュアンスである。カタリーナ・ライス＝ハンス・ヨーゼフ・フェアメーア著、藤濤文子監訳、伊原紀子＝田辺希久子訳『スコポス理論とテクストタイプ別翻訳理論── 一般翻訳理論の基礎』（晃洋書房、2019年）、212頁には面白い指摘がある。「どれほど『自由に』どれほど『忠実に』翻訳できるか、すべきか、してもよいか、という古くからの問いに対して、たいてい大雑把に『必要なだけ自由に、できるだけ忠実に』という決まり文句で答えられてきた」

17)　柳父ほか・前掲注12、230頁

18)　ライス／フェアメーア・前掲注16、135頁

の指摘はそのとおりであろう。しかし、語学教材作りとか、あるいは前述のような聖書や法令条文のような多くの人による解釈の基盤の提供のような必要やむを得ない場合以外には、「逐語訳」翻訳文は不自然で、読みづらくなってしまって翻訳としては多くの場合翻訳目的に適合せずに落第である。

　安西徹雄＝井上健＝小林章夫編『翻訳を学ぶ人のために』[19]の187頁以下は、明治期の意識的「直訳」の例について解説している。この本に引用する岩野泡鳴の訳文は次のとおりである。彼は語順までなるべく変えずに、原文の英語一語一語を日本語に置き換えた。

　　休息は、生の微妙な一特権であったが、渠（かれ）はこれを愛しなかった。渠がこれを堪え忍ぶにつぶやきながらの快活を以ってしたのは、病室が渠を要求した時だ。

　原文の英文は、Rest was one of the delicate privileges of life which he never loved: he did but endure it with grumbling gaiety when a hospital-bed claimed him. である[20]。これは先人達の文芸翻訳の実験の一コマであり、法律文書翻訳のような実用のための翻訳には適さない。「その失敗が彼女を絶望に追いやった」という訳は典型的逐語訳の一つの例である[21]。日本語としては違和感を覚える理由の一つは、無主物主語が使われているからである。

---

19)　安西徹雄＝井上健＝小林章夫編『翻訳を学ぶ人のために』（世界思想社、2005年）
20)　安西ほか・前掲注19、186頁

この日本語表現の特徴を無視して英語の単語を日本語に置き直しただけの文章は、はなはだ不自然で読みにくくなる。読みにくい文章は少なくとも法律文書の翻訳のみならず一般的に翻訳として落第である。そもそも、なぜ原文の構文や語順にこだわるのだろうか。これらにこだわることによって原文で作者が伝えたかった内容がより容易あるいはより正確に伝わるという保証はどこにもない。原文の語順や構文にこだわることのメリットは、単なる訳者の自己満足にすぎないようである[22]。

　鈴木主税は次のような例を挙げている。彼は、ある本の翻訳をその方面の専門家に依頼した。「出来た」というので作品をみて頭を抱えた。「困ったのは、原文に出てくる冠詞や名詞の複数がすべて訳してあったことです。つまり冠詞の「ザ」や「ア」は必ず「その」とか「一つの」とか訳され、名詞に複数のsやesがついていると、「諸会社」「諸家庭」「諸機関」というふうに必ず

複数をあらわす「諸」を付けて訳されていたのです。」[23]

　これは見事な「逐語訳」の例であるが、翻訳としては全く愚にも付かない拙訳である。翻訳というと原文の「単語」を日本語のそれに置き換えることだと思い込んでいる人の翻訳である。翻訳された文がまともに読めないような悪文であれば翻訳としては完全に落第である。

　翻訳の達人の二葉亭四迷ですら、初期にはツルゲーネフ作品の翻訳で原文の構造にこだわったことがあった。柳瀬尚紀によると[24]

　　初訳[25]では「語数も原文と同じくし」とまで言って「形も崩すことなく」翻訳を試み、しかも満足せずに「形ばかりに拘泥してゐてはいけない」と考えて改稿する。

　もう一つの例は、向坂逸郎訳の資本論である。盲目的逐語訳の礼賛傾向は、翻訳を専門とする人達よりも、専門の学問分野を持つ学者がその専門分野の文献を翻訳する場合に陥りやすい誤りのようである[26]。岩波文庫の向坂訳の分かりにくさについて、鈴木直は次のように述べている[27]。「訳文をわかりにくくしている

23)　鈴木・前掲注 21、32 頁、33 頁
24)　柳瀬・前掲注 22、29 頁
25)　ツルゲーネフ『猟人日記』の一部の「あひゞき」と題された文章。柳瀬・前掲注 22、33 頁
26)　鈴木直『輸入学問の功罪――この翻訳わかりますか？』（筑摩 eBooks、2007 年）などを読んだ柏木の印象である。
27)　鈴木・前掲注 26、第 1 章 8/57

のはひとえに、原文と同じ構文で訳文を構成しようとする訳者の基本方針であり、その基本方針を貫く一徹さにほかならない」。向坂逸郎ほどの学者が、なぜ「原文と同じ構文で訳文を構成しようと」したかは分からない。そもそもドイツ語と日本語は文法構造が違うのだから、構文を同じくするということにデメリットはあってもメリットはない。日本語で書かれた法律文書を英訳する場合も、日本語と英語では文法構造が全く異なるのだから、日本語の構文にこだわる理由はない。

　マルセル・プルーストの「失われた時を求めて」の英訳に関して、その第1巻の翻訳者である Lydia Davis は次のようにいう[28]。「あらゆる面で可能な限りプルーストの原文から離れず、文体さえもできる限り合致するように［……］、プルーストの語集選択、語順、統語法、言葉の繰り返し、句読点を可能な限り近い形で再現し、可能であれば音の扱い方、文章のリズム、そしてセンテンス内の頭韻や母音押韻さえも再現する」。

　「失われた時を求めて」のフランス語／英語間の翻訳の場合である。これは、同じ西ヨーロッパの言語間での翻訳でしかも文学作品の翻訳である[29]。文学の翻訳では、原文のリズムを維持し、原文を声を出して読んだときの音の印象を翻訳でも維持すること

---

28)　ジェレミー・マンデイ著、鳥飼玖美子監訳『翻訳学入門〔新装版〕』（みすず書房、2018年）52頁
29)　文学の翻訳作法については、Christiane Nord, *Translating as a Purposeful Activity: Functionalist Approaches Explained, 2nd ed.*, Routledge. (2018) 位置 No.1747/3592 以下（第5章　文学翻訳における機能主義）が参考になる。

などにメリットはあるのかもしれない。しかし、「あらゆる面で可能な限りプルーストの原文から離れず、文体さえもできる限り合致するように……」するという方針はリズム感と音の印象の維持以外にはメリットは何もなさそうである。翻訳者に根拠のない逐語訳至上主義の思い込みがあったのではなかろうか。そのために訳文が読みづらくなったり、意味が通じなかったりしたら主客転倒である。ましてや、一般法律文書の翻訳では、原著者の「語集選択、語順、統語法、言葉の繰り返し、句読点」「音の扱い方、文章のリズム。そしてセンテンス内の頭韻や母音押韻」はほとんど重要性を持たない。そこでは、原文が伝えようとしている意味内容にできるだけ近い意味内容が読み手に容易に伝わるような訳文になっているか、が最重要事である。

7　生きた英語表現

　不自然な直訳を避けるコツを書いた名著が長部三郎『伝わる英語表現法[30]』である。そのカバーの裏頁の部分に面白いことが書いてあった。

　　　「国際情勢」は international situation とすぐ思い浮かぶだろうが、実際は what's going on in the world といった方が、より具体的で意味が分かりやすい[31]。日本人が陥りがちな、一語ずつ「訳そう」とする発想から「いかに意味を伝えるか」に意識を切り替えれば、簡単な言葉で生きた英語表現が

30)　長部三郎『伝わる英語表現法』（岩波新書、2001 年）
31)　長部・前掲注 30、24 頁

できるようになる³²⁾。

　これを聞いたある翻訳の専門家は、「そのとおりであるが、翻訳依頼者がそのような訳は原文から離れ過ぎるといってクレームをつけることがある」と嘆いていた。日本では、翻訳者ばかりではなく、翻訳依頼者にも根拠のない「逐語訳至上主義」が蔓延しているようである。これは、日本の大学受験英語の大きな弊害の一つかもしれない。

　社会科学の文献の翻訳をする人の多くは、翻訳の専門家ではなく、ほとんどが社会科学のそれぞれの学問の専門家である。これらの学者の中には、理由もなく逐語訳が正確な訳だと思い込んでいる人がいる。社会科学の文献は難解なものが多いが、逐語訳によりこれらの文献は極端に難解なものになってしまう。その例は、鈴木直『輸入学問の功罪³³⁾』に大変詳しく説得力のある文章で紹介されている。「辞書の訳語へのフェティシズム的信仰」「逐語訳という名の権威」「逐語訳への執着」は翻訳の癌である。

　逐語訳の問題ばかりではなく、構文まで、忠実に原文をまねる必要はない。文学以外では、原文と同じ構文を訳文にも採用するメリットはない。逆に翻訳文が不自然になるデメリットが大きい。

---

32)　そういえば、私も昔、The Cross Border Insolvency Situation in Japan という題の論文を書いたことがあった。「日本における国際倒産法の状況」と言いたかったのだが、この場合 situation の言葉は浮いているなと思いつつ適切な表現が思い浮かばなくて悩んだことを覚えている。恥ずかしい英語の題名である。
33)　鈴木・前掲注 26

構文に関しても訳文の読みやすさを優先すべきである。

　おそらく、聖書やローマ法のように原文がラテン語[34]で、これを英語やドイツ語やフランス語など印度ヨーロッパ語族に属するいずれかの言語に翻訳する場合には、逐語訳をしてもそれほど読みづらくならない可能性はあるだろう。日本語から英語への翻訳ではその可能性は極めて小さい。ギリシャ時代でも、聖書だけ逐語訳が推奨され、それ以外はいわゆる意訳だった[35]。なぜ、聖書の翻訳についてだけ逐語訳が推奨されたのか、ミカエル・ウスティノフは次のように説明している。「聖書が対象である以上、……『創意』の余地はない。神の言葉を『変形する』などあってはならないこと」であり、それは当時、火刑の罪に値した。1546 年、パリのモベール広場で焚刑に処せられたエティエンヌ・ドレのたどる運命である。逐語訳への要求は、つまり、いかなる動機にも優先されたと考えられる[36]。

　おそらく、主観を排した翻訳方法として逐語訳しかないと信じられたのであろう。この聖書の翻訳に逐語訳が使われた理由は、法令条文や判例などの、法律解釈基本資料を翻訳する場合に現在でも妥当している。「法令条文が対象である以上『創意』の余地はない」ということは現在でも妥当する。日本国憲法を英訳するにあたってこれを「変形する」など、あってはならないことかも

34）　旧訳聖書は そもそもはヘブライ語で書かれ、新約聖書はアラム語あるいはギリシャ語で書かれた。ギリシャ語の聖書はラテン語に翻訳された。ウスティノフ・前掲注 16、33 頁
35）　ウスティノフ・前掲注 16、31 頁
36）　ウスティノフ・前掲注 16、41 頁

しれない。

8　受験英語の英文和訳、和文英訳と「直訳」

　山岡洋一は「しかし、現在では、……『直訳』とは『原文の一語一語を忠実に生かす』どころか、原文の一語一語に英和辞書の訳語をあてはめていき、英文和訳の授業でたたき込まれた文体で訳したものを意味している」という[37]。私は、高校時代の英文和訳の試験とは、問題文の英語を英和辞典で日本語に置き換え、それを英文法にしたがって順序を入れ替えることである、と了解していた[38]。だから英文和訳の勉強は少しも楽しくなかった。ところが、大学進学予備校で河野一郎先生[39]に英文和訳を教えていただいたことで英文和訳に開眼した。ある日、彼は「ある翻訳者はこの英文を『おかあさま……』と訳しています。だけど、この子はへんぴな田舎の子です。訳すとすれば『おっかぁ……』とでも訳さないといけませんね」といった。目からうろこが落ちた。英文和訳は、英語を日本語に置き換えるだけでなく、原文の雰囲気なども含めた作者が伝えようとしているものを日本語でできるだけ同じように伝えることのできる表現にすることである、と了解した。そこに工夫があり、それが面白い。それ以後、著者が原文の英文によって何を伝えたいかをしっかり考え、それをどのような日本語で表現すればその伝えたい雰囲気が伝わるか、

---

37)　山岡洋一『翻訳とはなにか──職業としての翻訳』（日外アソシエーツ、2001 年）30 頁
38)　「訳読」の英語教育と表現されている。長部・前掲注 30、10 頁
39)　河野一郎・東京外国語大学名誉教授、著書の中には『翻訳のおきて』（ディーエイチシー、1999 年）がある。

ということを考えるようになった。

　私が法学部の教授になってからは、他の人が和訳した英語法律文献の訳文をチェックする機会も増えた。そうすると、訳者が原文の意味を理解しないままに苦し紛れに辞書で英語の単語を日本語に置き換え、それを英文法に従って順番を変えただけと想像される訳文にしばしば遭遇した。本人が原文の意味を分かっていないで訳していたのでは、訳文を読んだ読者がその意味を理解できるわけがない。そういう訳文を読まされる読者はいい面の皮である。

　こう考えるなら、翻訳には「逐語訳」も「意訳」もない。原文が伝えようとしている意味に最も近い意味を翻訳の目的に沿う形で読みやすい翻訳先の言語で伝えている訳が良訳であり、それから離れれば離れるほど不適切訳から誤訳 40) となる。原文の意味に最も近いか、ということは、原文の目的によって異なる。映画カサブランカの字幕の場合 Here's lookin' at you, kid！は「君の瞳に乾杯」と訳され、有名になった。豪傑訳に近いが、映画が伝えたい意味をその場の雰囲気の中でこの訳が最も適切に表現して

---

40)　「誤訳」と「不適切訳」を明確に区別できるような「誤訳」の定義は難しい。クリスチアネ・ノードは、翻訳の目的が目標の読者に特定の効果あるいは機能を与えることを目的としているなら、この効果あるいは機能を阻害するような翻訳は「誤訳（translation error）」であるとしている。Christiane Nord, *Translating as a Purposeful Activity: Functionalist Approaches Explained, 2ⁿᵈ ed.*, Routledge. (2018) 位置 No. 1634/3592 及びさらに詳しくは位置 No.1665/3592 以下

41)　太田直子『字幕屋は銀幕の片隅で日本語が変だと叫ぶ』（光文社、2007 年）3 頁

いることは十分考えられる[41]。そうであれば、これは映画カサブランカの字幕としては実に適切な翻訳である。

　現在でも法律文の翻訳では「原文への忠実性（fidelity）」が大切であるとよく言われる[42]。この「原文への忠実性」は、「原文が伝えようとしている意味内容への忠実性」と了解すべきであり、「原文の単語や構文への忠実性」と解釈すべきではない。アンドレ・ジッドの言葉を孫引きすると；

　　単語を訳すのではなく、文章を訳し、その思いと感動を何一つ失わずに表現することが重要である。作者が直接フランス語で書いていたらそう表現したであろう形に。それは、……しばしば、ありのままの逐語訳から離れることに依ってしか達成され得ない。（アンドレ・ジッド「アンドレ・テリーヴへの手紙」1928 年）[43]

　逐語訳対意訳の論争あるいは比較対比論は、欧米の翻訳論でも盛んに論じられてきた。ジェレミー・マンデイ『翻訳学入門[44]』では、古来、翻訳論では、逐語訳対自由訳、あるいは形式（form）主義対内容（content）主義が対立して論じられてきたと説明している[45]。さらに、翻訳のスタイルを「逐語訳（literal, or word-for-word）」、「意訳（sentence-by-sentence）あるいは自由訳

---

42)　Susan Šarčević, *New Approach To Legal Translation*, Kluwer Law International.（1997）at16
43)　ウスティノフ・前掲注 16、96 頁
44)　マンデイ・前掲注 28
45)　Jeremy Munday, , 5th ed., *supra*, note 7, 36

（free translation）、行間訳（interlinear)」に分類する場合もある。いずれも、厳密な定義は議論されていない。日本においても、欧米においても不毛な議論である。

9　原文の意味の確定の方法

　英語への翻訳の第一の目的は著者が原文で伝えようとする内容を英語で読者に伝達することである。では、原文の内容の意味をどのようにして確定するか。多くの古典的名著のように、著者が既に故人になっている場合がある。この場合の原文の意味の解釈は、原著者に聞くわけにはいかないから、翻訳者の解釈に委ねられる。文学の例で日本語の古文から現代文への翻訳の例だが、源氏物語の現代語訳は多数あり、それぞれの翻訳者の原典の解釈の仕方の違いと翻訳表現の違いがあり、それが読者にとって興味の対象となる。一般法律文書の場合は、我妻栄の民法講義などのような故人の作品を翻訳する例は少ないだろう。多くの場合原文の作者が現存する。その場合には、もし可能なら原文の著者に問い合わせればよい。あるいは、翻訳者が原文の作者の意思を推定し翻訳をした上で翻訳作品の作者のチェックを受けるという方法もある。しかし、一般の法律文書の作成においては明晰性や分かりやすさが重要な要素であるから、文学作品に比べて著者の意思を確かめなければならないような「解釈」を必要としない、とも考えられる。しかし、法律家には悪文家が多い。多くの場合は、実際には重要な疑問点を著者に確認するだけで済むであろう。

　法令条文や契約書のような法律解釈基本資料の翻訳の場合には、前述のように翻訳者の主観的解釈を少なくするため逐語訳が安全

である。原文に矛盾が含まれていれば、矛盾を温存したまま翻訳し、意味不明であれば意味不明のまま逐語訳をすることになろう。ただし、翻訳文の読者は、矛盾や意味不明の訳文に遭遇すると、原文の欠陥か、あるいは翻訳が間違っているのか確定できないから、翻訳者は訳注を付して原文にそのような欠陥が含まれていることを指摘しておくべきである[46]。

10　法律文書の翻訳と文学の翻訳の違い

　木下是雄『理科系の作文技術[47]』は古典的名著となっているが、その主張の根本は、人に感動や感情や美を伝えることを主たる目的とする文学作品と異なり、理科系の作文技術は「事実と意見を伝えることを使命と」し、事実には状況を含み意見には判断や予測を含むがそれらに限られ、心情的要素を含まない[48]。ということである。また、「仕事の文書を書くときには、事実と意見（判断）との区別を明確にすることが特に重要である」。これは重要な指摘で、理科系の作文のみならず、社会科学や仕事の作文にも当てはまる。

　これに反して文学では、感動、感情、感激、感銘、心の起伏、驚き、リズム感あるいは言葉の美しい響きのような心理的あるいは美的感覚も相手に伝えることが重要である。我々は、小学生の

---

46)　文学などの翻訳原文の種類によっては翻訳注文者は訳注を嫌うようである。しかし、法律文書では歓迎されるであろう。Jeremy Munday 5th ed., *supra*, note 7, 255

47)　木下是雄『理科系の作文技術』（中公新書、1981 年）

48)　木下・前掲注 47、5 頁、6 頁

ときから、作文の時間には文学と同じように感動や驚きを書くことを訓練されてきた。しかし、事実と意見と主張を正確に表現し伝える技術は教えられてこなかった。翻訳論も文学翻訳偏重傾向が見られる。社会科学文書やビジネス文書の翻訳でも、事実の指摘と意見の表明と価値判断の表明はできるだけはっきり区別できるよう翻訳すべきである。少なくとも法律文書を含む社会科学の文章の作成に関しては、価値判断や主張を含む文章と、価値判断から切り離された客観的事実の表明の文章とを明確に区別しなければならない。法律文書の翻訳も、価値判断の表現は控えめにすべきである。文学やアジテーション目的の文書ならいざ知らず、事実や主張や意見から誇張やミスリーディングな表現を排除しようとすれば感情的表現は当然に押さえるべきである。

　もっとも、現実の日本の法律文書の中で特に裁判所に提出する訴状や準備書面には、激烈な調子で感情をあらわにした文章が非常に多い。私は弁護士ではないので、このような感情的な訴状と準備書面が裁判官にどのような効果を及ぼすか、確たることは言えない。しかし、裁判と同じような仲裁事件について、国際商事事件に関するものであるが、裁判官と同じような役割を果たす仲裁人を何度か経験した。その経験から言えることは、あまりにも感情的な言葉が羅列された仲裁申立書や主張書面を読むと、このような強過ぎる感情表現は、主張者側が客観的事実だけからは主張の根拠が弱いと感じているので、その弱さを糊塗するために感情的表現に頼っているのでないか、ということである。これは逆効果ではなかろうか。何人かの弁護士の話では、感情的表現は、弁護士も依頼人と同様に訴訟の相手方に対して怒っているんだぞ、ということを示す依頼人向けのゼスチャーであって、裁判官や仲

裁人向けに感情的になっているわけではない、とのことである。原文が感情的文章である以上、翻訳文も感情的表現を使わざるを得ないが、行き過ぎないよう注意すべきであろう。

11　すべての法律文書にあてはまる原則

　日本語か英語かを問わず法律文章の解釈においては、一つのまとまった文書の中では、原則的に同じ単語は同じ意味を持つものとされる。異なった単語が使われている場合には、それぞれ理由があって異なった単語が使われているという主張を招く可能性がある。そこで、ある特定の翻訳文書の中である特定の法律用語の訳語を使った場合には、その文書中で同じ意味を表すにはその同じ単語を使うべきである。例えば、一つの契約書の翻訳の中で、「本契約」に対応する表現を、ある箇所では this Agreement と翻訳し、別の箇所では this Contract と翻訳することは避けなければならない。これは法律文書起草の基本である。もし、原文に、同じ意味と思われる言葉がいくつかの異なった表現で表されていると思った場合には、原文の著者に確かめ、もし、異なった表現が同じ事を意味するなら英訳では同じ言葉を使うべきである。

　この原則は法令翻訳ではまれに難しい問題を生ずることがある。昔は、会社の「事業譲渡」は、「営業譲渡」と呼ばれた。しかし、新会社法では、これを「事業譲渡」と言っている。会社に関して意味は同じである。そこで標準対訳辞書では、「営業」も「事業」も business と訳している。上述の原則からいえば、言葉が異なるのだから、その意味は異なると推定されるはずであるが、これは言葉は異なるが意味が同じである。意味が同じなのだ

から、「営業」も「事業」も business と訳してもこれで誤解は生じないはずであるし、正確でもある。しかし、日本法令では例外的に同じ条文で、「営業」と「事業」と両方の表現が並列されていることがある[49]。そのときは、英訳文で business and business と連記するわけにも行かず、片方の訳を省略するわけにもいかない。苦肉の策として、JLT ではこのように一つの法律の中で「営業」と「事業」が両方使われている場合だけ「営業」の方を operation と訳すことにしている。

---

49) 例えば商法第 28 条第 1 項第 2 号「その商人の営業と同種の事業を行う会社の取締役、執行役又は業務を執行する社員となること。」

第3章

言葉の意味以外の
ファクター（文化、状況）と翻訳

1 言語は文化と切り離せない

　法律文書ではないが、免震ゴムの性能データ改竄事件の新聞記事には次のような表現があった。「大臣認定に不適合の製品の出荷を把握しながら、半年近く公表を先送りしてきた経営陣。問題を放置してきた実態を探ると、根深い『ムラ社会』の論理が浮き彫りになる[1]」。これは日本の新聞記事で日本人相手に書かれたものであるから「ムラ社会」だけで、充分に事情は伝わるが、英語人相手の場合は「ムラ社会」を直訳して village society と書いても英語人には意味が分からない。英語人に対しては、訳注として "Village society" means an exclusive group of people bound with strong feeling of fellowship that is typically found in Japan. とでもいって「ムラ社会」の実質を説明してはどうだろうか。単に village society と直訳したのではその意味が英語人に通じるとは思えない。

　一般法律文書やビジネス文書では、日本文化を濃厚に反映した表現は少ないが、俳句の世界になると文化そのものである。「古池や、蛙飛び込む水の音」をアメリカ大陸に住んでアメリカの文化にどっぷり浸かった人が、日本語ネイティブが理解するのと完全に同じように理解することは当然に不可能であり、議論するまでもない[2]。例えば、アメリカ合衆国内に、日本人が想像するような「古池」はない。イラクやクウェートなどの中近東にもない。特に陽光燦々の空気が乾燥した南カリフォルニアでは「古

---

1)　日本経済新聞、2015 年 7 月 9 日朝刊 2 頁

池」のような池は想像もできない。だから、ロスアンゼルス近郊のサンタモニカの住人に芭蕉のこの句を日本人のように理解しろ、といっても無理である[3]。問題は、そのような日本語ネイティブが感ずる美やわびやさびをどこまで近似的に英語に翻訳できるか、ということである[4]。

　日本文化に疎い英語ネイティブ向けに日本文化にどっぷり浸かった原文を英訳する場合も、想定した読者が理解できるような工夫が必要である。日本語で文章を書くと無意識のうちに日本文化を理解している読者を暗黙の前提として書いてしまう。同じ著者が、最初から英語で文章を書くと、自然に日本文化に疎い読者

---

2)　それを議論しているのが、小宮豊隆である。小宮豊隆「発句翻訳の可能性」（文藝春秋、1933 年）柳父章＝水野的＝長沼美香子『日本の翻訳論　アンソロジーと解題』（法政大学出版局、2010 年）235 頁。小宮豊隆は俳句の翻訳可能性を論じているが、要するに小宮豊隆の考えでは、「古池や」の句を英語にしても、異文化の言葉で日本語で表現された俳句の感興を伝えることはできるはずはない、ということのようである。欧米の翻訳学でも、翻訳可能性（translatabililty）は明確な定義がなされずに議論されている。translatability については Mona Baker and Gabriela Saldanha ed., *Routledge Encyclopedia of Translation Studies, 3ʳᵈ ed.*,Routledge. (2020)　602 － 606 に解説がなされている他、法律の翻訳に関しては、Simone Glanert, *De la traductibilité du droit*, Dalloz. (2011) がある。なお、牧野成一『日本語を翻訳するということ──失われるもの、残るもの』（中公新書、2018 年）93 頁にはこの芭蕉の句を著名な英語ネイティブと鈴木大拙が英訳した例が 7 例出ている。

3)　私は、ニューヨークに半年間、ボストンに約 1 年、ロスアンゼルスに半年間住んだ経験と、バグダッドに 9 回出張した経験を持つが、そのどこにも「古池や」の趣はない。商社時代の同僚で俳句の好きな人がサンタモニカ・ビーチに来て、「ここでは俳句はできませんね」と言っていたのが印象的であった。

4)　アメリカの若者は、この芭蕉の句の蛙を複数の frogs と訳す人が多いとのことである。牧野・前掲注 2、91 頁以下。

を想定して書く。

　日本語ネイティブ向けに日本語で書かれた法律文書の英訳を依頼され、その日本語を通り一遍に英語に翻訳したのでは英語ネイティブには到底理解不能と思われる場合はどうするか。訳者が訳注をつけるか、翻訳に解説を滑り込ませる以外に方法はない。訳注[5]と補充は積極的に使うべきである。日本語を理解しない英語ネイティブが文意を理解できるように訳注と補充を利用することの了解を翻訳の依頼主からあらかじめ得ておいた方がよいだろう。

　例えば、別冊ジュリスト 237 号「民法判例百選 I　総則・物権〔第 8 版〕」の 100 頁から 101 頁にかけての次の文章を見てみよう（かっこ書きと脚注を除く）。

　　温泉専用権の法的性質について、本判決は土地所有権から独立した「一種の物権的権利」と解している。この点は、第1審・第2審判決も同様であるが、「一種の慣習法上の物権」とする裁判例もある。「物権的」権利とか「一種の」物権とは曖昧な表現である。我妻・後掲判民 373 頁、武田・後掲 1332 頁は、用益物権たる人的役権の一種と解する。

　　In its judgment, the court held the legal nature of the exclusive right to use a hot spring to be "a type of right similar to a real right" existing independent of land

---

5)　文学の翻訳では訳注を付けるのは相当に勇気がいる。宮脇孝雄『翻訳の基本〔電子書籍版〕』（研究社、2003）位置 No.567/2588 頁

50 |

ownership. The same understanding is seen in the judgments of the first- and second-instance courts for the same case. In a separate case, however, the court held that the exclusive right to use a hot spring is "a type of real right that is based on custom". The expressions used in these cases, characterizing the right as "similar to a real right" or as "a type of" real right, are rather vague. Wagatsuma (infra, 373) and Takeda (infra, 1332) describe the right as a type of personal servitude, that is, a subcategory of servitude.

Translator's Notes: (1) Under Japanese law, servitude is considered to have the nature of a real right. (2) In servitude, a certain parcel of land is subject to use for the benefit of another parcel of land. (3) Under Japanese laws, a real right set forth by law is only permissible. The Civil Code provides for four kinds of real right: ownership, servitude, security rights, and possessory rights.

　別冊ジュリストの原文は、明らかに読者として日本の法学研究者、法学を勉強する学生、法律を学ぶ一般人を想定していることが分かる。これらの人達を対象としている限り、この日本語の文章に問題はない。しかし、この日本文をそのまま英語に置き換えたとしても、コモンローをバックグラウンドに持ち、大陸法の素養がない人には理解できるはずもない。コモンローには、「温泉専用権」に対応する概念もなく、物権と債権の峻別もなく、物権法定主義に類似する原則もない。コモンローの環境で育った人に理解できるように書き直すとすれば、まずは「温泉専用権」、「物権」、「物権法定主義」程度は簡単な訳注による解説が必要であろ

う。さらに、日本の土地所有制度、温泉権に関する裁判例や学説の状況などを説明できれば、翻訳文はより英語人に理解しやすいものになるであろうが、そうなると訳注が長文になり過ぎて、本文とのバランスを崩すことになる。翻訳の難しさはこのようなバランスを考えなければならないことにもよる。

　日本人のあいまい好き[6]も度が過ぎる場合には原文著者の了解を得て補充の必要が出てくるだろう。日本は平安時代からあいまいなことは「いとおかし」と賞賛され、明晰なことは「あじきなし」とけなされてきた国である。この傾向は「〜という感じで」を乱発する現代の若い世代でも維持されている。法律文書を書く学者や法曹にも「〜と思われる」を乱発する人がいる。黒木登志夫は次のように言っている。

　「若いころ、京都大学に留学していたノーベル物理学賞受賞者レゲット（Anthony Leggett）も、『であろう』『といってよいのではないかと思われる』『と見てもよい』のような日本語は、英語に訳しようがなく、『である』に変えるべきだと、指摘している（注とかっこ書き省略）」[7]。できれば、原著者の了解を得て不要なあいまいさを取り除くような修正が望ましい。

---

　6)　日本文学者のドナルド・キーンの経験によると、彼が「5日間病気でした」という手紙を出したとき、日本人の友人は、日本語としては正確過ぎると言って「5日ほど」になおしてくれたという。黒木登志夫『知的文章術入門』（岩波新書、2021年）9頁
　7)　黒木・前掲注6、40頁

2　発話の状況の考慮

　翻訳は、言葉だけの置き換えではない。言葉は、その使われる状況によって意味が変わる。例えば、英語で Excuse me. は「ごめんなさい」の意味だが、アメリカにいたときに後の女性から強い口調で Excuse me! と怒鳴られたことがあった。Excuse me. は直訳すれば「ごめんなさい」だが、この場合は「何をボケッと通路を塞いでんのよ。どいてよ」という意味である。翻訳においては、原文が使われている状況とコンテクストが非常に大切になる[8]。

3　コモンローと比較法の知識の必要

　翻訳の目的は、原文の意味内容を、翻訳先の言語しか理解できない読者に伝わるようにその言語での最も近似的な表現に変えることである。そのためには翻訳者は、相当に高いレベルの翻訳先の言語の文化を知っていないと読んでもらいたい人が読んで理解できるような最終作品ができない。法律文書の英訳に関しては、翻訳者には相当高度のコモンローの知識が必要である。コモンローをベースとする国は多数あるが、少なくともアメリカ法、イギリス法、オーストラリア法、ニュージーランド法、カナダのコモンローなどのうち少なくとも 1 ヵ国のコモンローに関する高度

---

8)　翻訳における「状況」の重要性については、カタリーナ・ライス＝ハンス・ヨーゼフ・フェアメーア著、藤濤文子監訳、伊原紀子＝田辺希久子訳『スコポス理論とテクストタイプ別翻訳理論──一般翻訳理論の基礎』（晃洋書房、2019 年）31 頁以下参照

の知識が必要である。さらに欲をいえば、コモンローの歴史に関する知識も、コモンローをより深く正確に理解するには必須の知識である。

　日本法に関する深い知識も必要であることは当然である。前述のように、日本語で法律文書の原文を書く人は、一般的には日本法についての常識をわきまえた人を念頭に置きながら書く。日本法や日本文化をよく知っている人を前提に書かれた文章を、日本文化や日本法の基礎知識を持たない日本語を知らない人に対して、追加の説明文なしに伝えようとすることは、多くの場合ほとんど不可能である。欧米の翻訳論でも、そのような場合には翻訳者が補足や説明をする必要性が指摘されている[9]が、本書ではそのような場合には前述のように遠慮なく翻訳者の訳注又は補充を利用することを勧める。

4　日本の学校で英語を学習した日本人は英語表現に関しては英語ネイティブにかなわない

　私は日本の田舎で育ち、中学から英語を外国語として学んだ典型的日本人である。私のように日本で外国語として中学頃から英語を勉強した者の多くは、その英語力に限界がある。次のような文章を書く英語ネイティブには脱帽である。「コロンはとても支配的なふるまいをする。『さあ、こちらへどうぞ』という、折

---

9)　例えば、Anthony Pym, *Exploring Translation Theories, 2nd ed.*, Routledge. (2014), 178 頁中 25 頁目、位置 No. 5277 中 942 では、イギリス英語の原文で "Eton" とあるのを、ドイツ語訳では「英国のエリート学校の一つ（eine der enflischen Eliteschulen）」と訳す例が出ている。

り目正しい執事のようだ。1センテンスにピリオドは1つなのと
同じく、1センテンスにコロンは1つしか打てない。執事だって、
1つの部屋にほかの執事がいたら我慢できないだろう。コロンは
ダッシュで代用できることがあるが、コロンの方がフォーマル
だ[10]」。こういう言語感覚は日本の学校で受験英語に明け暮れて
いたのでは身につかない。

　法務省の日本法令外国語訳推進会議で法令翻訳を議論してい
て、出席しているネイティブ・アドバイザー・コーディネーター
の指摘にハッとしたことが何度もあった。ネイティブ・アドバイ
ザー・コーディネーター達は、長年、日本人が翻訳した文章の推
敲の経験が豊富である。その経験を基に、ネイティブ・アドバイ
ザー・コーディネーター達は、日本語を母国語として長年日本の
受験英語を通常の英語と思い込んだ平均的日本語ネイティブが陥
りやすい間違いを編集した。これが「法令翻訳の手引き」とし
てJLTのウェブサイトに収められている[11]。日本人にとって目
からうろこの一例を挙げると、"pertaining to"の使い方である。
"pertain"を英和辞典で意味を調べてみると、「1.（……に）関係
がある、関連する（to ……）」と説明されている。そして、例文
として「documents pertaining to the lawsuit　その訴訟に関係の
ある書類」と出ている。ついで「2. (……に) 付き物である、付

---

10)　メアリ・ノリス、有好宏文訳『カンマの女王──「ニューヨーカー」
校正係のここだけの話』（柏書房、2020年）5章31/33頁
11)　http://www.japaneselawtranslation.go.jp/ja から左側コラムの「その
他」にポインターを合せると「関連情報」の表示が出る。これをクリッ
クすると「法令翻訳の手引き」をPDFで参照することができる。こ
れにはsaidやshallのlegaleseを使わないようにというようなJLTの
writing styleガイドも含まれている。

属する、付随する (to)」と出ている。多くの日本語ネイティブは、「関係がある」≒ pertaining to と了解する。そこで、the lawsuit pertaining to the document produced as an evidence（証拠として提出されたその書類に関連する訴訟）という表現も問題ないと思って使う。しかし、英和辞典に掲載されている英語とそれが意味するとして与えられている日本語とは、常に逆も真なりとはならない。"X pertaining to A" は「A に付随する X」というニュアンスを込めた「関連する」の意味である。したがって「その訴訟に関連する書類」の「関連する」の訳語として pertaining to を使うことは問題ないが、「証拠として提出されたその書類に（従として）付随する訴訟」のニュアンスがある lawsuit pertaining to the document produced as an evidence の表現は英語としておかしい、ということになる。「訴訟」が「証拠書類」に付随するわけではない。これでは尻尾が犬を振る（tail wagging the dog）になってしまう。だから、「〜に関する」を機械的に pertaining to と訳すと、英語ネイティブには奇妙に聞こえる場合が出てくる。英和辞典に見出し語として出ている英語とそこに意味として出ている日本語は、可逆的ではない。しかし、単語帳で英語の意味を覚えた日本の人は、見出し語の英語と意味として掲げられた日本語は1対1で対応すると思い込む。見出し語の英語の守備範囲である意味と、それに対応するとして掲げられている日本語の意味の守備範囲は異なるのが一般的である。だから、見出し語の英語に対応する日本語として通常は多くの日本語が列挙されている。それは、それぞれの訳語が「あるコンテクストではこういう日本語の意味になる場合がある」という意味である。コンテクストが違えば、意味も異なってくる。しかし、多くの場合、辞書に列挙されている言葉はどのようなコンテクストでそういう意味になるのか示されて

いない。例文が掲載されていると、ある程度想像はつくから例文
の多い辞書は良い辞書である。当たり前の事であるが、受験英語
で苦しめられ、単語帳で意味を丸暗記した日本語ネイティブは、
つい、英和辞典の英語見出し語とそれの意味として示されている
日本語は可逆的な対応関係にある、と思ってしまう。日本語ネイ
ティブの陥りやすい誤りである。だから、生粋の日本語ネイティ
ブによる英語に対しては、英語ネイティブによる推敲が必須であ
る。昔は、そのような推敲ができるような人を探すのに苦労をし
た。いまでは、単純な文書ならインターネットで proof reading
service を利用することができる。

5　日本語を知らない人に読ませる英語の文書を日本語 で下書きすることは禁物

　日本法に関する問題を英語で説明する場合には、日本語並びに
日本法に詳しく、かつ、コモンローにも通暁した人が、コモン
ローの環境で育った人を念頭に置きながら最初から英語で文章を
書かなければならない [12]。英語ができるのに、英語での法律文
書をまず日本語で下書き、これを翻訳業者に英訳してもらう人が
いる。最初から英文で書く力がないのなら仕方がないが、まずは
最初から英語で書いてみるチャレンジ精神が必要である。昔、私
は、アメリカの弁護士事務所で研修を受けたことがあった。当時
はまだアメリカの discovery 制度が日本に紹介されていなかった
ので、この discovery を当時私が勤務していた商社の同僚に説明
しようとしてその解説を日本語で書いた。友人のアメリカ弁護士

---

12)　同旨、黒木・前掲注 6、181 頁

が、内容をチェックしてやるからその説明文を英訳しろ、と言ってくれた。有り難い申し出なので、自分が書いた discovery の日本語解説文を英訳しようとした。これが難しい。あまりに面倒なので英訳をすることは諦めた。英語と日本語では発想が異なるから、日本人向けの日本語を英語ネイティブに自然に聞こえる英語にすることが難しいのである。原文の日本語の逐語訳ではどうしてもコモンローの環境で育った人に分かるような英文にならない。日本語を経由せずに最初から英語で書けばどうということのない内容の文章であるし、簡単に分かってもらえる文章が書けるのだが、日本語で書いてそれを英語に直そうとするとこれができない。日本語で書かれた法律文書を英訳することは、はじめから発想の違いを乗り越えるハンディのついた難しい作業なのである。最初から英語で書いた方が、ずっと楽である。

なぜ、こういうことが起こるのだろう。おそらく、原因の一つは前述のように、私が日本語で書く場合には、無意識のうちに読者が日本の常識をわきまえているという前提に立って日本語ネイティブ向けの文章を書くからであろう。第二に、日本語の原文は当然に日本語の構文を前提としている。英訳しようとすると、この構文に引きずられる。だから原文の日本語を読みやすい英文に直そうとすると難しくなる。日本語は、主語に無生物主語をもってこない。英文には多い。日本文には受け身が多い。日本文には主語のない文章が多い。日本文は曖昧である。「証拠調べに関する日本の状況」の「状況」を present situation とぎこちなく直訳し、How to Conduct Discovery and Examination of Evidences in Japan と訳すような発想の転換ができない。日本語表現と英語表現の違いの例は、長部三郎『伝わる英語表現法』に多くの実例が

出ている。長部三郎は次のような例を挙げる。日本語＝私は選挙の公約を果たした：英訳直訳 ＝ I made good on my campaign pledges. : 英語らしい読みやすい英訳＝ I did what I said I would do (during my election campaign.)[13)]。日本語で原稿を書いて英訳しようとすると、こういう自然な英語表現が難しくなってしまう。

　普段、英語でコミュニケーションをする人が読むことを念頭に置いて、事実を指摘し、思想を述べ、主張を伝えようとすれば、そういう人達にどう英語で説明したら分かってもらえるかということを考えながら原文を作ることになろう。日本語で書くとつい日本人に分かってもらえる「常識」に頼りがちになってしまい、そのような常識を持たない外国人が理解できるかどうかということに対する配慮は、念頭から消えてしまう。このような事情から、英文の法律文書を作成するときは、日本語で下書きをすることは避けるべきである。

6　単純に翻訳すると誤解が生ずる恐れがある場合は工夫が必要

　例えば、「労働金庫」は JLT では、workers' credit union と訳している。labor bank と訳すことも考えられる。実際、全国労働金庫協会は National Association of Labor Bank と自称している。英語ネイティブの意見では、labor bank という言葉は、労働者を多く抱えて、要求があれば労働力を提供するような機関、すなわち血液銀行や骨髄銀行のように、labor の提供が目的の機関を想

---

13)　長部三郎『伝わる英語表現法』（岩波新書、2001 年 ）17 頁、21 頁

像させるという意見が多かった[14]。そういう誤解を避けようと
するなら、workers' credit union の訳がよい。

7　面倒な「銀行」の英訳

　銀行法第2条は「銀行」の名前を一定の要件に合致した金融
機関だけに使用を限定している。労働金庫は、信用金庫と同様
に銀行法第2条に定義されている銀行ではないから、日本語で
はその名称に「銀行」の文字を使用することはできない。しか
し、英語の bank や片仮名の「バンク」を使用してはならない、
との法律はなく、実際に「ソフトバンク」のように社名に「バン
ク（Bank）」の文字を使っている会社もある。誰もソフトバンク
（株）を銀行とは思わない。だから、英語でも laborbank を「労
働金庫」の訳語として使っても問題ないか、と問われれば微妙で
ある。日本語を知らない人は英語の文脈の中では bank をみずほ
銀行のような「銀行」だと理解するだろう。さらにこの理解を
JLT で確かめようとする慎重な英語ネイティブは bank の訳語の
意味を誤解するだろう。なぜなら、JLT で英訳された銀行法第2
条では "bank" を銀行法第2条にいう「銀行」以外に使うこと
を禁止している。この銀行法第2条を英語で理解した人は、労
働金庫も「銀行（bank）」であると理解するだろう。したがって、

---

14)　東京には、FRESHNESS BURGER というハンバーガー屋があるが、こ
れは英語ネイティブには奇妙に響くらしい。英語ネイティブにとっては
この言葉は、Cheese Burger や Fish Burger などのようにバーガーの前
の単語はパンに挟んである素材を連想させるかららしい。宮脇孝夫『翻
訳地獄へようこそ〔電子書籍版〕』（アルク、2018年）位置 No.374/2064。
Labor Bank も同じような受け止め方をされてしまうのであろう。

英語の翻訳文でも銀行法第2条にいう「銀行」以外を英語で
bank と呼ぶことは避けたい。だから「～金庫」の英訳には bank
は使わない方がいい。

8　第三者からの依頼あるいは指示で法律文書を翻訳する場合の「翻訳仕様書」

　法律文書を翻訳する場合に、第三者から翻訳を依頼されるので
はなく翻訳者が自発的に翻訳する場合がある。学者による翻訳は
大方このタイプである。外国語で書かれたすぐれた書籍や論文を
見つけると学者としては是非日本に紹介したいと思う。英語で書
かれていれば内容を紹介するだけでも多くの人が読んでくれそう
であるが、大多数の日本語ネイティブにとって、日本語の方が読
みやすく時間も掛からない。原著を日本語に翻訳すれば、読んで
くれる日本語ネイティブの数も飛躍的に増えるだろう。これが学
者が外国の本や論文を日本語に翻訳する動機の主たるものである。
この場合は、翻訳者たる学者が、その目的に応じて(例えば初学
者向け、あるいは法律家の中でも特殊な専門家向けなど)翻訳方針を
決めればよい。

　しかし、第三者(企業や団体内の他部署を含む)からの翻訳の
依頼があった場合は、どのような目的で使う翻訳を作成するの
か、翻訳文の主な読者層(法学者か法曹かビジネス・パーソンか子
供か、法律に全く縁のない市民か)、などの翻訳スペックの確認が
必要である。クリスチアネ・ノードも Jeremy Munday もこのよ
うな「翻訳仕様書(translation brief)」の作成を勧めている。翻訳
の依頼者に対して「翻訳仕様書」を要求しなくとも、この翻訳仕

様書記載事項をチェックリストとして、その意向を確かめておくことは重要である。クリスチアネ・ノードは次のような点を翻訳仕様書に記載することを勧めている [15]。

(1) 原文の機能・目的（function）（参考情報提供（referential）か、読者に何かをアピール（appellative）することか [16]）

(2) 翻訳文の名宛人たる読者（the target text addressee(s)）

(3) 原文の引渡日

(4) 原文及び翻訳文の送付方法

(5) 原文作成の目的、理由あるいは動機

私は日本語から英語への法律文書の翻訳依頼を受ける場合の条件のチェックリストとして次のようなものがよいように思う。

(1) 原文作成の目的

(2) 翻訳文の名宛人たる読者

(3) 翻訳の締切り

(4) 原文の著者への質問の連絡先

---

15) Christiane Nord, *Translating as a Purposeful Activity: Functionalist, Approaches Explained, 2ⁿᵈ ed.*, Routledge.（2018）、位置 No. 1362/3592 ; Jeremy Munday, Sara Ramos Pinto and Jacob Blakesley, *Introducing Translation Studies, Theories and Applications, 5ᵗʰ ed.*, Routledge.（2022）114: Jeremy Munday は translation commission と呼んでいる。ジェレミー・マンデイ著、鳥飼玖美子監訳『翻訳学入門〔新装版〕』（みすず書房、2018 年）129 頁にも例が挙げられているが、意味がよく分からない。クリスチアネ・ノードの方が実際的である。

16) 柏木意見では、翻訳理論に走り過ぎて実務的ではない。このような function は、原文を読めば分かる。

17) いずれの例も、長部・前掲注 13 に示された事例の利用である。

⑸　訳注をつけてもよいかどうかの確認

⑹　直訳指向と英文として自然な訳指向と、どちらの翻訳スタ
　　イルを希望するか。例として次のいくつかの日本語の訳とし
　　て、どちらがよいか[17]

＊「国際情勢」

　（ア）international situation（アメリカではめったに見ない表現）

　（イ）what's going on in the world

＊「これは空気が熱せられたときの現象だ」

　（ア）This is a phenomenon that occurs when air is heated.

　（イ）That is what happened when air is heated.

第4章

「正確な翻訳」の誤解

1　逐語訳や直訳が「正確な翻訳」である根拠はない

　法令や判例のような法律解釈基本資料以外の法律文書翻訳の目的は、原文の意味を翻訳先の言語でできるだけ近い意味に表現して読み手に伝えることである。だから、「正確な翻訳」とは、原文の意味に最も近い意味を持つ文に翻訳したものが最も「正確な翻訳」である。原文の意味と、翻訳文の意味は完全に一致することはほとんどないので、「正確さ」は相対的な問題である。「正確さ」は、原文の意味と訳文の意味がどれだけ近いか、によって測定される。前述のように原文の文法構造を訳文でも残しているか、とか、原文で使用された単語がそれと「等価（等義）」の言語に置き換えられているか、ということは翻訳の正確性と関係がない。

2　「正確な翻訳」と「（翻訳を読む人にとっての）意味の近似」と逐語訳

　前述のとおり、正確な翻訳とは、原文の意味に最も近い意味を持つ翻訳先の文章に変換することである。

　前述のように逐語訳でなければ、あるいは構文が同じでなければ正確な訳ではないとの主張には根拠がない。このような思い込みによる「正確性」に固執するあまり、難解で意味が理解できないような文章に翻訳すべきではない[1]。鈴木主税の『私の翻訳談義』（河出書房新社、1995年）のプロローグには、次のような話が紹介されている。鈴木主税が本屋に立ち寄り、ある本を手に取ってあとがきを見た。そこには「この著者の文章を正確に訳そうとすると、日本語としてわかりにくくなる」という意味のことが書

かれていた。これを読んで鈴木主税はショックを受けた。なぜなら、彼は「いつでも、著者の文章の意味をできるだけ正確に理解し、それをわかりやすい日本語にするために苦闘してい」たからである。

　私は鈴木主税の主張に全面的に賛成である。すなわち、原文の著者が書いた文章の意味を正確に理解し、それを分かりやすい翻訳先の言語で表現することが翻訳の本質である。翻訳の本質は意味の伝達である。伝達なくして翻訳はない。翻訳の正確さと翻訳文の分かりにくさとは全く無関係である。鈴木主税が手に取った本の翻訳者はどうも「逐語訳」を正確な翻訳と単純に誤解していた可能性がある。鈴木主税や私の翻訳の考え方からすれば、翻訳の正確性と分かりやすさが矛盾することはあり得ない。あったとすれば、翻訳者の原文の意味の理解が不正確であったか、あるいは日本語の表現能力に欠陥があったかどちらかである。鈴木主税によれば、その翻訳本の著者の「翻訳の正確性」の理解は「どうやら辞書に出てくる単語の意味にのっとった訳語と原語の文法に忠実な構文を『正確な翻訳』だと考えているようです[2]」。これは、私が高校時代に英文和訳あるいは和文英訳の試験で行っていた翻訳の方法である。いわゆる「直訳」である。日本では、少なくとも私の受験当時の大学受験あるいは高校英語での和文英訳あるいは英文和訳の試験では、直訳することが確実に点をとるためには重要であった。英語の試験での英訳や和訳で直訳を利用する

---

1)　言葉を「正確に翻訳する」ということの意味（あるいは無内容）を的確に説明しているのは、鈴木主税『私の翻訳談義——日本語と英語のはざまで』（朝日新聞社、2000 年）11 頁以下。

2)　鈴木・前掲注 1、9 頁

ことは、日本に限らず、フランスでも一般的のようである[3]。な
ぜフランスでも同じなのか、興味のある問題である[4]。

　そもそも言語が違えば、厳密に正確な訳ができる場合は極めて
例外的である。翻訳でいう「正確さ」はアナログの正確さあるい
は「正確さへの近似」である。多くの場合、ある一つの言葉と同
じ意味を持つ他の言語が持つ意味は、その守備範囲にずれがあ
る。例えば、日本語の「机」は英語では desk であるが、英語の
desk には、研究社『新英和大辞典〔第 5 版〕』によれば「机」の
ほか、「受付」や（新聞社の）「編集部」など 7 つの意味が掲げて
ある[5]。単語レベルですら、一つの言語の単語と別の言語の単語
はほとんどの場合 1 対 1 の対応関係にはない。例えば銅や酸素
のような物質なら、世界どこでも同じであるから、銅は copper,
酸素は oxygen と訳せば正確な訳になる。しかし、同じ物質名
詞でも、「金」になると gold とも money とも訳すことができ

<hr>

3)　ミカエル・ウスティノフ、服部雄一郎訳『翻訳——その歴史・理論・
展望』（文庫クセジュ、2008 年）94 頁。これは、逐語訳が語学初心者
に外国語を教えるときに有効な教育方法であるという指摘があるので、
やむを得ない面もある。それだったら、英語教師は「あるべき翻訳と受
験英語は異なる」ことを学生に教えておくべきである。
4)　文科省と日本の大学教員には、入試に関して「公平パラノイア」があ
る。採点者による採点のばらつきを極端に嫌う傾向である。日本では、
英文和訳や和文英訳において直訳が好まれる理由は、直訳の方が答案の
和文又は英文の表現にばらつきが少ないから、訳を正解とすることに
よって採点のばらつきも少なくなり、より「公平である」と感じられる
ことが原因ではなかろうか。
5)　例えば、日本語の「飲む」は、通常、英語では drink と訳されるが、
たばこを飲む場合は smoke であり、体に害のある液体を飲む場合は
swallow であり、薬を飲む場合は take である。鈴木孝夫『ことばと文
化〔電子書籍版〕』（岩波新書、2019 年）193 頁

る。「金」を常に正確な英語に訳せる保証はない。例えば「金の
切れ目が縁の切れ目」を英訳するときに、この「金」は gold で
も money でもなく financial source あるいは source of income の
意味である。物質名詞だからといって、1 対 1 の訳語がある訳で
はない。ましてや、社会制度や思想や感情や文化に関する言葉
になると、正確に対応する思想や感情が外国には存在しない場
合がほとんどである[6]。こういう言葉と厳密に意味が一致する正
確な訳はほとんどあり得ない。英語には日本語に対応する概念
が全くない場合も多い。例えば、日本語では顔の毛は「髭」一
語である。それに場所を表す語を加えて、口ひげ、顎ひげ、頬
ひげと区別する。しかし、英語では口ひげは mustache、顎ひげ
は beard、頬ひげは whiskers である。これらをまとめた上位概
念の「ひげ」に相当する言葉がない[7]。だから「ひげを剃る」の
英語直訳文は、翻訳者が顔のどこのひげを剃るのか、推察して英
訳しなければならない[8]。また、ニューヨークの寿司屋では、真

---

6)　例えば、日本のサラリーマンの、帰宅途中の居酒屋での第一声「とり
　　あえずビール」は英語にならない。New York Times の記事で For the
　　time being, beer! と訳していたが、ちょっと違う。Judy Wakabayashi,
　　Japanese-English Translation An Advanced Guide, Routledge. (2021) 222
　　には "Time for a beer" との訳が出ている。これも正統派受験英語に毒
　　された私にはちょっとピンとこない。「ただいま」「いただきます」な
　　ど、文化に関する日本語は英訳ができないものが多い。アン・クレシー
　　ニ『この日本語バリバリ英語にしにくいバイ！〔Kindle 版〕』（アルク、
　　2019 年）194 頁以下参照。
7)　黒田龍之助『はじめての言語学』（講談社新書、2004 年）75 頁 ; 言葉
　　が対象をどのように切り分けて表現するか、は各言語ごとに異なる。例
　　えばフランス語の bleu(青) に対しロシア語は水色と紺色の 2 つの言葉
　　で対応させているとのことである。ウスティノフ・前掲注 3、19 頁
8)　「髭」の逐語訳をあきらめて単に shave としてひげの場所を特定しな
　　くとも済むような訳に落ち着くだろう。

鯛を red snapper という[9]。これは、たしかに赤くて形も似ては
いるが、真鯛とは似て非なるものである。真鯛の学名は pagrus
major である。真鯛を pagrus major と翻訳すれば、魚類学の意味
で正確な訳となろう。しかし、ニューヨークの寿司屋で、pagrus
major とメニューに書いたところで、お客には意味が伝わらない。
意味が伝わらない以上、これは「鯛」の英語への翻訳になってい
ない。ニューヨークの寿司屋のメニューとして使い物にならない。
red snapper と訳せば、客はカリブ海などで取れる真鯛に似た赤
い白身の魚を想像するだろう。客は、当たらずとも遠からずの理
解をしてくれるだろう。ニューヨークの寿司屋では、この方が客
との関係では真鯛の適切な英訳語である。おそらく、世界各地の
寿司屋のメニューには、例えば鯛やかんぱちや穴子などに最も似
た現地の魚の名前を記載しているだろう。お客にとってはその方
が分かりやすい。このように魚の名前の翻訳に関しては、寿司屋
の客に説明するためか、魚類を生物学的に研究しようとする人の
ためか、目的によって翻訳方法が異なる[10]。「正確」な訳は場所
によっても相手によっても違ってくるという次第である。要すれ
ば「当たらずとも遠からず」の訳語が相対的に「正確な訳語」と
いうことになる。

---

9) red sea bream という言葉もあるが、ニューヨーク近海では見かけな
いのか、少なくともニューヨーク近辺では一般的な言葉ではない。鯛を
porgy とする辞書もあるが、ニューヨーク近辺の porgy は真鯛より小型
で小骨が多く、日本の「海たなご」に近い。
10) 「等価（等義）」は翻訳の目的、すなわちどういう読者のどういう
ニーズを満たすための翻訳か、によって異なるし、異ならなければなら
ない。要するに原文と翻訳文が等価（等義）であるかどうかは、適切
な訳ができたときに「等価（等義）」であるというような結果論である。
だから実際の翻訳作業では「等価概念」は役に立たない。

　このように言葉は、文脈によっても、翻訳先の言語の文化によっても、状況によっても、アクセントやイントネーションによっても意味が変わる。したがって、日本語の特定の言葉と「等価（等義）」な英語が、文脈や読者の文化や環境を抜きにして、アプリオリに見つかるわけではない。

　日本の抵当権を mortgage と訳すか、hypothec と訳すかについても同様の問題がある。抵当権の場合は、抵当権の目的物である不動産の所有権は債権者である抵当権者に移転しない。所有権は抵当権設定者（債務者）に残ったままである。mortgage の場合は、mortgage の対象となった不動産の title（権原）は、債権者である mortgagee に移転する。だから、mortgage を日本語で「不動産譲渡担保」と訳す人もいる。執行方法も、日本の抵当権の場合は民事執行法に従い、担保物を差し押え、競売し、債権者は競売代金から債権の弁済を受ける。mortgage の場合の執行の方法は、基本的には、債務者の持つ受戻権（債務者が被担保債権を弁済することによって mortgagee に移転してしまった担保物の title を元の所有者に受け戻す（redemption）権利）を消滅させ、担保不動産を確定的に mortgagee に帰属させる、という方式を取る（foreclosure）[11]。これらの点で抵当権と mortgage は大きく異なる。しかし、抵当権も mortgage も、対象となる担保物は不動産であり、契約によって設定される約定担保権である点は共通である。

　他方、抵当権を hypothec と訳すべきである、と主張する人も

11）　詳細は国ごとに、アメリカは州ごとに大きく異なる。

いる。hypothec は、*Black's Law Dictionary*[12] によると、「大陸法用語。債務を担保する目的で債権者のために財産権に設定された mortgage（柏木訳）」と説明されている[13]。対象が不動産とも書いていない。さらに、アメリカやオーストラリアの国際取引が専門ではない弁護士に尋ねると、彼らの多くは「hypothec などという言葉は聞いたことがない」という。要するに抵当権の英訳を hypothec と答える人は、日本の法学部でドイツ法あるいはフランス法を学び、hypothek(独)、あるいは hypothéque（仏）という言葉を知っている人か、あるいはヨーロッパに住んでいる人でドイツ人やフランス人やスコットランドの法律家と交流があり hypothek、hypothéque あるいは hypothec という言葉を聞いたことのある人達だけのようである。「抵当権」を多くの英語人にとって耳慣れない hypothec という言葉に翻訳しても、原語の意味を伝えるという翻訳の本来の目的は多くの英語人について達成できない。これでは「正確な翻訳」とはいえない。mortgage も「抵当権」の当たらずとも遠からずの訳語である。

3　「正確さ」と読みやすさのバランス

　翻訳の「正確さ」は翻訳の至上の目的ではない。翻訳文は、読みやすくないと読者は翻訳文を読む気を失う[14]から原文で伝

---

12)　Bryan A. Garner ed., *Black's Law Dictionary, 11ᵗʰ ed.*, Thomson Reuter. (2019)

13)　*Civil Law*, A mortgage given to a creditor on property to secure a debt;

14)　私も約 60 年以上も前に大月書店版『資本論』を読もうとして挫折した。その責任の一部は難解な翻訳文にあったと思っている。

えたいことを翻訳先の言語で多数の人に伝える、という翻訳の最大の目的である意味の伝達のためには正確さは多少犠牲にならざるを得ない。その例は、本書の第８章にいろいろ出てくる。例えば法律用語の基本用語の訳語は短くないと、訳文が大変長く複雑になり、読みづらくなるから、「監査役」については長い audit and supervisory board member の訳語案を採用せず、短い company auditor の訳語を使用した例とか、「無期懲役」の訳語として life imprisonment with labor for rehabilitation and resocialization with possibility of parole when an inmate shows attitude of repentance とせずに単に life imprisonment とした例とか、「善意」を without knowledge と訳すと誤解を生じることになりそうだから、good faith とせざるを得なかった場合など、いろいろある。法律解釈基本資料を除き、一般法律文書翻訳でも、正確さより読みやすさを優先させるべきである。正確さを犠牲にすることが、翻訳文の理解に大きな問題を引き起こしそうな場合には、訳注で説明した方がよい。訳注は積極的に利用すべきである。

4 日本の法律用語の無用な区別は必要のない限り無視したほうがよい

「上告」及び「控訴」は標準対訳辞書では、それぞれ（final）appeal、appeal（to the court of second instance）と訳すことになっている。final あるいは to the court of second instance をかっこ書きにした理由は、これらを都度付け加えると文章がくどくなるから、適宜状況に応じてかっこ内の final あるいは to the court of second instance を省略してよい、ということである。実際、「上

告」か「控訴」かの区別は文脈から分かるので、上訴を「上告」と「控訴」に律儀に英語で区別する実益はほとんどない。区別の実益がないから英語では「上訴」は両方の場合とも appeal で不便を感じない。したがって JLT では「上告」と「控訴」を区別していない。「上告」も「控訴」も原則として appeal である。もし文脈からどちらなのかはっきりさせたい場合があれば、final あるいは to the court of second instance を付け加えればよい[15]。日本文では「上訴」も「控訴」も「上告」も 2 文字だが、英語にするとそれぞれを区別すれば、上訴は appeal と 1 語、「上告（final appeal）」は 2 語、「控訴 appeal to the court of second instance」に至っては 7 語になってしまう。

　これも逐語訳が読みやすい翻訳の障害になりがちな例の一つである。しかし、日本の法律家は「上告（final appeal）」と「控訴」を律儀に区別する。ドイツ概念法学とそれを受け継いだ日本法学では、この種の不要な区別が多い。区別すること自体、さしたる努力を必要とするものではないから日本の法律家は律儀に区別をするのだろう。しかし、この無用の区別を英訳にまで無理に持ち込む必要はない。それどころか、英文が複雑になって読みにくくなる。このような日本の法律家の仲間内のしきたりは、区別の必要があるときに限って、英訳文に反映させるべきである。「却下」と「棄却」の区別も同じである。英語はこんな馬鹿馬鹿しい区別はしないから、両方とも dismissal（動詞は dismiss）である。日本法律用語のこういう衒学趣味が法律を一般人から遠ざけるから、

---

15)　原因の一つは、日本の法律用語が不要な区別をしている例が多いからである。

なんとかしてほしいものである。

5 「誤訳」

　翻訳学では「誤訳」の定義が論じられていないから、どこまでが「誤訳」でどこからが「不適切訳」なのかもよく分からない。私自身、「誤訳」と「不適切訳」あるいは下手な訳の区別の基準を決めかねている。原文の言葉の意味の範囲内ではあるが、その文脈では原文の意味からは遠い意味を表すような訳が不適切訳であろう。日本経済新聞と朝日新聞は長年にわたってアメリカ連邦倒産法第 11 章（Chapter 11, the Federal Bankruptcy Code）を「連邦倒産法第 11 条（日本の民事再生法に相当）」と訳している。アメリカ連邦倒産法の条文を見ればすぐ分かることであるが、この Chapter 11 はとても「第 11 条」というイメージではない。Chapter 11 を素直に訳したならば「第 11 章」となるはずである。法学者はそう訳す。法学者でこれを第 11 条と表現する人はいない。アメリカ連邦倒産法は、原則として奇数の番号から成る 7 つの章（Chapters）[16] から成る。1 つの章は数条から数十条の条文（Sections）から成る。「再生（Reorganization）」の見出しの連邦倒産法の Chapter 11 は、3 つの Subchapters から成り、総計 28 条（Sections）から構成されている。このような Chapter 11 は、日本語では通常は「章」とか「編」とかと訳すものであり「条」のイメージからはほど遠い。連邦倒産法では「条」に相当する言葉は section である [17]。法令条文における「条」に対応する言葉には、article と section があるが、研究社の『新和英大辞

---

16) 必要に応じて時限立法として偶数章が作られる。

典』を見ても「条」の項に訳語として chapter とは出ていないから、U.S. Federal Bankruptcy Code の Chapter 11 を「第 11 条」と日本語に訳すことは「誤訳」と言えよう。

　日本語と英語では、返事の「ハイ」の使い方が違うから、これも直訳あるいは逐語訳が誤訳を導く例となり得る。「A さん、昨日はコンサートにいらっしゃいませんでしたよね」「はい、行きませんでした」この「ハイ」を yes と訳したら完全な誤訳である。

　「善処します」を I will do my best. と訳したら誤訳だろうか。昔、日米貿易摩擦の最中に、日本からの繊維製品の輸出の自粛を求められた当時の首相の佐藤栄作が「善処」します、と言ってその場をしのいだ。通訳は I will do my best. と訳した。相手方のニクソン大統領は、言質をとったと思ってその回答で了承した。しかし、後日、日本語の「善処します」は、何もしないという意味と分かって政治問題化した。これは「世紀の誤訳」と言われた。しかし、これは誤訳ではなく、私はこれは正しい訳と考える。もし誤訳というなら、通訳は I won't do it. と訳すべきだったのだろうか。表向きには I will do my best. と思わせて、真意は I won't do it. であることをそれとなく伝えるような政治家の二枚舌を適切に通訳あるいは翻訳することは不可能である。表向きの発言を通訳がそのとおり訳したことは通訳・翻訳としてはやむを

17）　一般に、アメリカの法律では日本の「条」に相当する英語は section である。JLT では条に article の訳語を与えている。これを section の訳語にすべきであるという意見もある。アメリカ以外の英語国の立法あるいは条約などでは、「条」を article で表現している例も多い。

得ない行為である。政治家のごり押しで責任を通訳者に転嫁した
ものであろう。ただし、事実として佐藤首相が「善処します」と
発言したのかどうかについては異論がある[18]。

　日本では、誤訳を理由に自殺した人すらいるという説がある[19]。
誤訳の度に自殺していたのでは、私などは命がいくつあっても
足りない。彼は、一説によると、keep a lion at the bay を「湾
頭に吠えるライオン」と訳したようである[20]。keep something
at the bay は、問題を起こさないように何かを制御下におく、と
いう意味である[21]。「湾」の持つ意味はすっかり影を潜めてい
る。だから「湾頭」と訳すと誤訳と認定されても仕方がない

---

18)　詳しくは http://honyakukenkyu.sakura.ne.jp/shotai_vol16/No_16-
001-Hinoki.pdf；檜誠司「『善処します』発言の誤訳問題の一考察――日
米の機密解除公文書をめぐって」通訳翻訳研究への招待 No.16、1 頁；
この「世紀の誤訳」は Jeremy Munday 5th ed., 132 でも取り上げられて
いる。

19)　誤訳で自殺した人の例、鈴木・前掲注 1、39 頁。ただしこれは事実
無根のようである（山懸五十雄「該撒殺害」「トウェーン論餘論」柳父
章＝水野的＝長沼美香子『日本の翻訳論　アンソロジーと解題』（法政
大学出版局、2010 年））；宮脇孝雄は「空気に酸素があるように翻訳に
は誤訳がある」という名言を紹介している。宮脇孝雄『翻訳の基本〔電
子書籍版〕』（研究社、2003）, 位置 No.926/2588

20)　鈴木・前注 1、40 頁；聖書の翻訳に関しては、訳語が不適当だとい
う理由で翻訳者が火あぶりになった例もある (Jeremy Munday 5th ed.,
32)。こうなると翻訳も命がけである。ウスティノフ・前掲注 3、40 頁、
41 頁によると、エティエンヌ・ドレとウィリアム・ティンダルの 2 人
が火あぶりになっている（ティンダルについては絞殺された後に死体が
焼かれたとの説もある）。

21)　平気で嘘をいうトランプ前米国大統領がコロナに感染した。その時
の電子版 The Gradian 紙見出しには "All the lies in the world can't hold
reality at bay."（世界中のすべての嘘も事実を押さえつけておくことは
できない）だった。(The Gradian, Mon, 5, October 2020 digital)

だろう。法律用語で言えば、緊急避難を avoidance of clear and present danger と訳すのは近い意味を読者が想像できない点で誤訳であろう[22]。clear and present danger は、表現の自由を制限できる場合を表現したフレーズである[23]。日本刑法の「緊急避難」は自己又は他人の生命・身体・自由又は財産に対する急迫の侵害の危険を避けるためにやむを得ず他人の利益を侵害した行為の意味である。刑法では、緊急避難行為から発生した害が、避けようとした害を超えない場合には、刑罰を科されないことになっている[24]。緊急避難に対応する英語は necessity が一番近い。"necessity" を *Black's Law Dictionary* で調べると "*Criminal Law* A justification defense for a person who acts in an emergency that he or she did not create and who commits a harm that is less severe than the harm that would have occurred but for the person's actions." とある。このようなことがあるから、法律用語の逐語訳は禁物である。意訳に徹しなければならない。

6 簡潔な日本語と説明的英語の行間を埋める

　意味の伝達は文字ばかりではなく、共通の文化や状況や仕草などでも補充される。原文の言語の文化が翻訳先の言語の文化と異なるために、翻訳文が翻訳文の言語を話す人たちに理解されない場合が頻繁に出てくる。その場合は、前述のとおり、当然に翻訳

---

22)　発足当時の JLT ではこのように訳していた。当初の翻訳辞書は、官公庁の既存の法律英訳を集めて作ったから、どこかの官公庁ではこのような訳を使っていたのであろう。

23)　田中英夫編『英米法辞典』(東京大学出版会、1991 年) 152 頁

24)　刑法第 37 条第 1 項

者による説明が必要であり、それは自然な現象である[25]。さらに、日本語の文章は「行間を読む」ことが期待されており、英語に比べて簡潔である。長部三郎は次のように言う。（英語人に分かるような英語に翻訳するために、英語で）「『埋める』とは、よく『行間を読む』といいますが、読むばかりではなく、さらにそれを埋めることです。日本語は概して言葉がコンパクトで、文章になると『行間』が広く空いています。一方、英語はくどいほどに説明的ですから、日本語に対しては、いつも行間を読むという姿勢が必要になります。……『埋める』ことは、抽象的な日本語と具体的で説明的な英語の『差を埋める』作業だといえます」[26]。

例えば、「原告は、被告との間で別紙物件目録記載の土地を代金 5000 万円で買い受ける旨の売買契約を締結し、手付けとして 500 万円を交付した」の英訳を考えてみよう。The plaintiff concluded a sales contract with the defendant for purchase of a parcel of land specified in the list of property attached (hereinafter referred to as the "Land") at the price of 50,000,000 yen, and paid 5,000,000 yen to the defendant as an earnest money.

ここで、原文にない「被告に」（to the defendant）を加え、「交付した」を delivered ではなく paid としたことには理由があ

---

25) 成田一は、これを「翻訳における明示化」の結果として説明している。成田一「翻訳論の歴史」Japio Year Book 2018, 275；目標テキストの受け手が起点テキストの受け手と文化的背景や知識背景が異にする場合には、その必要性が増す。ジェレミー・マンデイ著、鳥飼玖美子監訳『翻訳学入門〔新装版〕』（みすず書房、2018 年）151－152 頁
26) 長部三郎『伝わる英語表現法』（岩波新書、2001 年）73 頁

る。上の訳では、まず「手付金」を earnest money と訳してある。これは標準対訳辞書の訳である。*Black's Law Dictionary* では、earnest money を次のように説明してある。A deposit paid（often in escrow）by a prospective buyer（esp. of real estate）to show a good-faith intention to complete the transaction and, ordinarily forfeited if the buyer defaults. すなわち、earnest money の場合は、手付金が売主に対する預託金（deposit）であり、エスクロー[27]に預けられる場合もある。そこで、手付金の場合は、手付金が預託金としてでも、また、エスクローでもなく、売主に代金の一部として払われたことを示すために原文にない「被告に」(to the defendant) を加え、「交付した」を delivered ではなく支払いを意味する paid とした。行間を埋めたつもりである。その方が、日本語あるいは日本法を知らない英語人には、より正確なイメージを持ってもらえるし違和感がないだろう。

7　主語の補充、構文の変更

　日本語では、主語のない文章あるいは主語が分からない文章が多い。そもそも主語とは何か、という問題がある。「象は鼻が長い」の「象」は主語か、という有名な論争がある。これは主語ではなく「主題」を表す、という説が説得的である[28]。民法第1条第1項は「私権は、公共の福祉に適合しなければならない」と規定している。この文章の主語は「私権」とも考えられるが、

---

27)　第三受託者（escrow agent）に金銭や小切手などを預託して、条件が揃ったときに、第三受託者がその金銭や小切手などを、指定された者に引き渡すシステム。国際取引でもよく使われる。
28)　三上章『象は鼻が長い──日本文法入門』（くろしお出版、1960 年）

「私権」は主語ではなく、文章の主題を指していると考える方が
自然であろう。そうだとすると、「私権」については、その内容
は「公共の福祉に適合し（てい）なければならない」という趣旨
であろう。JLT では "Private rights must be congruent with the
public welfare." と訳している。

　続く民法第1条第2項は、「権利の行使及び義務の履行は、信
義に従い誠実に行わなければならない」と規定している。この文
の主語はなんだろうか。「権利の行使及び義務の履行」は「象は
鼻が長い」の文章同様に主語ではなく、主題を指す。「信義に従
い誠実に行わなければならない」は能動文であるから、何か主語
が省略されているはずである。「誰が」信義に従い誠実に行わ
なければならない、のだろうか。英語に翻訳するときには、主語を
補わなければ文章にならない。しかし、翻訳者が勝手に条文を解
釈して主語を補うことはできるだけ避けなければならない。この
第2項の意味は、「権利の行使及び義務の履行」については、（民
法の適用を受ける）人は、これを「信義に従い誠実に行わなけれ
ばならない」という意味であろう。JLT では次のように英訳し
ている。(2) The exercise of rights and performance of duties must
be done in good faith.　原文の日本語文の主語を明示しなくとも
よい受動態で英訳されている。

　次の民法第1条第3項は「権利の濫用は、これを許さない」で
あるが、これも「象は鼻が長い」型の文章で、主語がない。おそ
らく「国（あるいは裁判所）は、権利の濫用を許さない」という
趣旨であるから、主語は国（又は裁判所）であろう。英訳する場
合は、これらの主語を補うべきだろうか。他に方法はないだろう

か。

　JLT ではどう訳しているだろうか。" ⑶　Abuse of rights is not permitted. "

　このように、第3項も受動態で翻訳し、主語の補充を避けている。翻訳者による主語の補充を避けるための受動態の利用は多くなる。そもそも受動態の多い日本語[29]が、英語に翻訳されることによって主語の補充を避けるためますます受動態が多くなる。

　現在、AI 機械翻訳はめざましい発展を遂げているが、その AI 機械翻訳でも、日本語を英語に変換したときの主語の補充が不得意である、という実験データがある。さすがの AI も、上記のように人間ですら迷う主語の補充には難渋している。日本語は困った言語である。文学はいざ知らず、日本語法律文書では主語を省略するな、という教育が必要である。

　一般法律文書の英訳では、能動態で表現した方が、自然な読みやすい英文になることが多い。構文については比較的自由に変換しても実害は少ない。法令条文などの法律解釈基本資料の翻訳以

---

29)　日本語に受動態が多く、英文では能動態が多いという指摘については、牧野成一『日本語を翻訳するということ——失われるもの、残るもの』(中公新書、2018 年) 119 頁、第7章。日本人は否定型による表現が好きであるとの指摘もある。Judy Wakabayashi, *Japanese-English Translation　An Advanced Guide,* Routledge. (2021) Page3 of 256。　日本語では「死ぬな」といって死にそうな人を励ますが、英語では Stay alive! になる。なお、フランス語では Ne meurs pas! (Don't die!) と否定型を使う。

外の一般の法律文書の英訳の場合は、翻訳者が主語を解釈によって補足し能動態の英文にした方が自然な読みやすい英文になる場合が多いだろう。主語が分からなければ原文の著者に問い合わせればよい。

8　長い文章の分断

　判決文を「悪文のチャンピオン」という人もいる[30]。岩淵悦太郎編著『悪文』に例示されている判決文は、2851字からなる1文が含まれているそうである。

　私も何度か経験したが、このような神業的長文を英語の1文に翻訳することは不可能である。文を分断して短い文の集まりとするしかない。それすら難しいような日本語の長文がある[31]。私は昔ゼミの資料としてある判決文を英訳しようとしたことがある。しかし、判例時報の1段落が1文でできているという長文が含まれている上、書いた裁判官も途中で気が変わったのか、文の最初の方に出てくる主語に対する述語が文中に見当たらない[32]。

---

30)　岩淵悦太郎編著『悪文──伝わる文章の作法』（角川ソフィア文庫、2016年）87頁、オリジナルは日本評論社（1979年）; Victor González-Ruiz, *Chapter 5 Trying to See the Wood Despite the Trees: A Plain Approach to Legal Translation,* Le Cheng, King Kui Sin and Anne Wagner ed., The Ashgate Handbook of Legal Translation, Routledge, (2014), 71 は、ほとんどの英語使用国とスペイン語使用国では、法律家は、法のシステムに参画する人たち（例えば、特定の法的な話に関係する一般市民）には簡単には理解できない言葉を使う傾向がある、という。日本でも同じである。

31)　長文を切る技術については長部・前掲注26、76頁以下が参考になる。

主語の補充は受動態の利用でなんとか対処できるが、述語については これを補充しないと英文にならない。受動態で逃げるわけにはいかないから、主語の補充より述語の補充の方が難しい。このような場合には、⑴意味不明になってもいいから、直訳する、又は、⑵翻訳者が原文を解釈して主語あるいは述語を補充し、翻訳者が主語あるいは述語を補充したことを訳注として注記する、という方法がある。前者の方法の難点は、英語を読んだ人がその意味不明の翻訳の原因として翻訳者の力量不足と考えてしまうことである。したがって、前者の方法を採るにしても、訳注をつけ、翻訳文は原文を忠実に翻訳したものであり原文の意味が不明であるので訳文も意味不明になっていることを明らかにしておく必要がある。私は、⑵の、翻訳者がとにかく英文として意味の通る翻訳文としその事情を訳注で説明する、という方法をとる。

　法律家の長文病の最大の原因は、例外的な場合を除いて、法律家養成教育に基本の文章表現教育がないことにある。日本の法科大学院教育はほとんど司法試験準備一辺倒で、文章の書き方の基本のような法律家としての基礎的スキル教育が大部分無視されている。日本のロースクールでも、「法文書作成」の講座を持っている法科大学院は多い。しかし、それは司法試験科目ではないので、学生は軽くみる傾向にある。しかも、「文章を短く[33]」「一つの文章には一つの事項のみを書く」「主語を明確に」という基本的表現方法や Plain English に相当する Plain Japanese あるいは

---

[32]　文章があまりに長いとこういうことが起こるらしい。中村明『悪文——裏返し文章読本』（ちくま学芸文庫、2007 年）138 頁

[33]　Lynn Bahrych, Jeanne Merino and Beth McLellan, *Legal Writing and Analysis in a Nutshell, 5th ed.*, West Academic Pub., (2017) 199

明晰で分かりやすい文書作成の基本作法を教えている講座は非常に少ない。その多くは、契約書、訴状、判決文や和解調書のような具体的類型別法律文書の書き方が中心である。要するに、ほとんどの法科大学院では法律文書代書人の訓練しかしていない。

アメリカでは、どのアメリカ法曹協会認定のロースクールにもLegal Writing のコースがある。したがって Legal Writing の教科書も多い。訴状（complaints）などの技術的文書の作成方法のみならず、法律文書全般の基本的文章作法を教えることを中心とする教科書も多い[34]。

9　日本語の構文を変えて翻訳することの是非

法令条文の場合にも、構文を変えることにより原文の意味を変えてしまう危険性がある。したがって能動態を受動態とすることやその逆方向に構文を変える必要がある場合は、意味を変えることにならないか、解釈を加えることにならないか、慎重に行わなければならない。しかし、英訳文で主語を間違って補充するよりも、受動態を使って主語の補充を避ける方が害が少ないことが多い。構文の変更より、翻訳者による主語の補充の方が、勝手な解釈のリスクが高いことは容易に理解できる。例えば、民法第1条

---

34)　例えば、Reed Dickerson, *Fundamentals of Legal Drafting, 2nd. ed.*, Little Brown and Co., (1986); Richard K. Neumann, Jr., Ellie Margolis, and Kathryn M. Stanchi, *Legal Reasoning and Legal Writing, 9th ed.*, Walters Kluwer. (2021); Lynn Bahrych, Jeanne Merino and Beth McLellan, *Legal Writing and Analysis in a Nutshell, 5th ed.*, West Academic Pub., (2017); Bryan A. Garner, *The Elements of Legal Style*, Oxford Univ. Press. (1991)

第3項の「権利の濫用は、これを許さない」という条文の翻訳にあたって、翻訳者が勝手に主語を補充して The Government does not allow the abuse of rights. と翻訳した場合はどうだろうか。しかし、翻訳された英文を読んだ場合には、政府に権利の濫用の取締りの権利があることを規定した条文であると誤解される可能性がないわけではない。「許さない」の意味は想定される主語との関係ではあいまいであるが、権利の濫用は裁判所によって認められることはない、あるいは、裁判所は権利の濫用を許してはならない、という趣旨であろう。法律文書を日本語から英語に翻訳する目的は、英語ネイティブに日本語の法律文書を日本語ネイティブと似たような解釈ができるように、解釈の素材としての法律条文を英語で提供することである。そこに法律文翻訳の難しさがある。

　日本の法律文では、わざと主語を曖昧にする場合がある。離婚の判決文では「原告と被告を離婚する」という文章は一般的な表現である。「離婚する」の主語が不明である。日本語として成立する可能性のある表現は「原告と被告は離婚する」だろう。裁判所が主語だとすると「裁判所は、原告と被告の離婚請求を認容する」だろう。しかし、これらの表現方法ではいろいろ不都合がおきるので、害の少ない「原告と被告を離婚する」というあやしげな日本語の表現に落ち着いたようである[35]。さて、この判決文中の「原告と被告を離婚する」をどう英訳したものだろうか。皆さん考えてみてほしい。The plaintiff and the defendant arc

<hr />

35)　橋内武＝堀田秀吾編著『法と言語──法言語学への誘い』（くろしお出版、2012年）14頁

hereby divorced. 又は The plaintiff and the defendant are hereby declared as divorced. だろうか。"hereby" などという legalese は使いたくないが、「原告と被告を離婚する」には、原告と被告が勝手に離婚するのではなく、裁判所が離婚に関与して離婚を認めたのだ、というニュアンスが必要である。hereby はこの裁判所の関与のニュアンスを出すためである。日本の判決文でも、こんな変な日本語を使わず「原告と被告の離婚をここに認める」ではいけないのだろうか。

10 同じ意味を持つ言葉は、法律用語を含めて、同じように訳すことが望ましい [36)]

契約の「解除」は、日本では原則として遡及効を持つ。将来に向かって効力を消滅させることは、講学上「解約」あるいは「解約告知」という。英語では、「解除」に近い意味を持つ言葉として、cancel, terminate, annul, rescind, revoke, void など、多くの言葉がある。だから昔風の契約書では、The Seller hereby cancel, terminate, annul and rescind the Contract ……などと同じような単語をこれでもか、と並べ立てる例が多かった。英語の法律文書で羅列された似たような言葉のそれぞれの英法上の正確な定義を探すのは無駄である。コモンローでは、言葉の定義から演繹的に法的効果を導くということをしない。それぞれの言葉が法律文書の中でどのように使われているかという usage を調べたり、裁判になった事件の中でその法律用語の意味が争われた例

---

36) Susan Šarčević, *New Approach to Legal Translation*, Kluwer Law Int'l. (1997) 118

がないかどうか調べて見なければならない。例えば cancellation of a contract という場合に遡及効があるかどうかは、その具体的事件の判決の中で遡及効が認められたかどうか、認められたとすれば、その事件と当面の事件とは別種の事件として区別される（distinguish）べきでなく同じ解釈が当てはめられるべきである、ということが言えなければならない。法律文書の翻訳では、いちいちこのような面倒なことはやっていられない。Legal dictionary や、法律解説書を使って一般的に（すなわち多くの場合に）遡及効が認められているかどうかの慣用的用語法（usage）を確認することになる。

　大切なことは、日本法上は、「解除」や「解約」には明確な定義があり、すべての法律文では、どの文脈であれ、原則としてそれぞれ定義された意味を持つものとして使用されているが、英語の法律用語はそう簡単には割り切れないということである。したがって、定義のしっかりした法律用語を持つ日本語法律文書の英訳では、例えば遡及効のある日本の「解除」に相当する英訳語を cancellation，遡及効のない「解約」に相当する英訳語を termination と決めてしまって、整合的に cancellation と termination の言葉を使い分けることが重要である。遡及効の有無が重要なファクターとなるような場面なら、訳注で遡及効の有無を明記することが必要である。いったんそう決めたら、「解除」「解約」に annulment や rescission や voidance などの他の英訳語を使うことは避けなければならない。もし、ある場面で「解除する」の訳語として void を使うと、読者は cancel とはどのように意味が異なるのかと気になるだろう。しかし、英文の前後関係から、cancellation や termination では、英文がしっくりこないの

で、やむなく void を使いたくなる場合も出てくる。前後関係から void を使う場合には、もしその語がその文の意味を解釈する上で重要なファクターである場合は、それは「解除」訳語であり、他所では cancel と表現していることを注書することが望ましい。訳文の読みやすさと、訳語の整合性のどちらを優先すべきかということは、ケースバイケースである。例えば JLT の標準対訳辞書では、取消しは rescission としているが、「取り消すことができる」は voidable の言葉を当てている。多くの場合には、読みやすさを優先した方がよい。要するに、自然で読みやすい表現と整合性のバランスの問題である。

11　日本語ネイティブが犯しがちな法律英語の誤り

英語を書く場合には、難しい法律用語はできるだけ使わない方がよい。法務省の法令外国語訳では、後述のように shall や he／she や said のような法律家的表現（legalese）をなるべく使わないようにしている。このような了解事項は、JLT の「法令翻訳の手引き」に書かれている。これらは主として、法務省の法令外国語訳のネイティブ・チェックを担当する人達がまとめたものである。そのルールは、コモンロー国の国あるいは州などの立法管轄単位で出されている「立法スタイルガイド」（legislative guide, legislative style）（「法制執務」に相当）を参考にしている。「法令翻訳の手引き」は、法令外国語訳（JLT）のウェブサイトの左側の欄の一番下の「その他」をクリックし、出てきた「関連情報」のところに収録されている[37]。この「法令翻訳の手引

---

37)　https://www.japaneselawtranslation.go.jp からダウンロードできる。

き」は、上記のような避けるべき法律家的表現の他に、前述のように法務省の法令翻訳の proofreading を担当してきた英語ネイティブの人達が気づいた日本人の間違いやすい翻訳の誤りも掲載されている。法令外国語訳は、まず各省庁が所管する法令を翻訳業者に委託して英語に翻訳し、これを所管省庁がチェックし、チェック済みの翻訳案を法務省に送付し、法務省はこれを英語ネイティブのアドバイザー・コーディネーター及び日本の学者・弁護士がチェックし、その後にウェブの JLT のサイトにアップされる。各省庁が起用する翻訳業者は、おそらくは日本人がまず原条文を英訳し、これを英語ネイティブが proofreading しているはずである。各省庁は、翻訳業者に対して英語ネイティブによる proofreading を義務づけることになっている。しかし、英語ネイティブによる proofreading を義務づけているにもかかわらず、法務省に送られてくる翻訳の原案には、日本人が陥りやすい英語表現の誤りがときどき含まれている。法務省のネイティブのアドバイザー・コーディネーター達は、このような誤りのパターンを集積して、それを「法令翻訳の手引き」にまとめた。「法令翻訳の手引き」はこのようなスタッフのアドバイスの中から「日本法令外国語訳推進会議」で了承されたものを収録したものである。日本語ネイティブで法律文書を英訳しようとする人にとっては、必読の文献である。

12　書き方のスタイル（Writing Style）

　日本語法律文書を英訳する人は、英文の書き方の基本のルール（Writing Style という）を勉強しておくべきである。アメリカでは多くの Legal Writing の参考書が売り出されている[38]。訴状の書

き方とか、準備書面の書き方とかの訴訟関係の書類の書き方を中心に書かれた本もあるが、より基本的な文書作成のルールを解説したものも多い。日本の翻訳者には、具体的に訴状（complaints）や主張書面（briefs）の書き方を解説したものよりも、一般的な法律英語表現の注意事項を書いたものがよい。例えば、法律文書には短い文を使うとか、易しい言葉を使うとか、整合性を保つとかの注意事項や、カンマやピリオドの使い方（punctuation）のようなごく基本的な法律文書の書き方のルールを解説した本がよい。その観点からは、前掲注33に引用したLynn Bahrych他の*Legal Writing and Analysis in a Nutshell*とBryan A. Garner, の*The Elements of Legal Style*が便利である。なお、Bryan A. Garnerは、アメリカ法を勉強した人なら誰でも知っている*Black's Law Dictionary*の主任編者であり、著名な法律用語学者である。

13 Punctuation

　日本の大学入試英語にpunctuationの問題が出ないためか、私を含め日本語ネイティブはpunctuationに無頓着な人が多い。しかし、punctuationは法律英語の基本である。コンマの打ち方一つで文章の意味が変わるし、日本語の「又は、若しくは」「及び、並びに」の区別を英語で表現するには、カンマの使い方を工夫するしかない。

　法律英語には次のようなルールがある。カンマはwhichの前には使えるがthatの前には使えない。例えば、The judges will

---

38)　その一部は前掲注34に示した。

read the briefs that are well written. とは書くが The judges will read the briefs, that are well written. とは書かない。長い主語や複合主語と動詞の間にカンマを使わない。"because" の前にカンマを入れない。Quotation マークで引用された文にカンマやピリオドを付ける場合には後の" の前に入れる。セミコロンは逆に" の後につける。コロンは、列挙事項や例示の前に使う。スラッシュ（／）は or の代わりに使い、and や and／or の代わりには使わない。Quotation マークで引用された文中の引用は ' ' で囲む。という具合である[39]。

14 法律英語の表現方法、慣用及び colocations の調べ方

　法律英語の表現方法、慣用及び colocations を調べるための必須の道具は、PDF 化して OCR を掛けた英語の法律参考書である。私は、大学を定年退職する 3 年前から蔵書を PDF 化し OCR を掛ける作業を進めてきた。PDF 化の最大の利点はスペースの節約であるが、同程度に大きな利点は蔵書とその内容の検索の効率化である。ファイル名は、著者と本の名前になっているから、ハードディスクに検索を掛ければ直ちに探している本が見つかる。内容についても、OCR を掛けてあるから、索引に出ている言葉だけではなく、一般語でも検索できる。例えば、破産

---

39)　Lynn Bahrych, *supra*, note 33 at 220 "Legal writers must have full command of punctuation and grammar."; Bryan A. Garner, , *supra*, note 34, Ch. 2, ; メアリ・ノリス、有好宏文訳『カンマの女王──「ニューヨーカー」校正係のここだけの話』（柏書房、2020 年）5 章 123 頁以下及び 7 章 171 頁以下

手続を bankruptcy proceedings というのか、単数の bankruptcy proceeding か、あるいは bankruptcy procedure(s) というのか、迷ったときには、PDF にしたアメリカの倒産法の参考書を数冊取り出して、bankruptcy proceeding と bankruptcy procedure で検索を掛ける。J.J.White and Raymond T. Nimmer, *Cases and Matrerials on Bankruptcy, 2nd. ed.*[40] で bankruptyc proceeding を検索してみると、ヒットするのは複数形の bankruptcy proceedings である。Douglas g. Baird, *The Elements of Bankruptcy, Revised Ed.*[41]、では、bankruptcy proceeding と単数である。倒産関係法令集である *2012-2013 Bankruptcy Code and Related Materials,* selected and Annotated by David G. Epstein and Steve H. Nickles[42] では、bankruptcy proceeding(s) の表現は見られないが、Proceedings under Chapter 15 の表現もあるが foreign proceeding や concurrent proceeding や proceeding to recover money or property や time for commencing proceeding other than under Sec. 523 of the Code などの表現が見られるから、bankruptcy proceeding の場合は単数を使う前提と思われる。David G. Epstein, Steve H. Nickles and James J. White, *Bankrutpcy*[43] は bankruptcy proceeding と単数を使っている。せっかく丹念に調べてみたが、Bryan A. Garner, *A Dictionary of Modern Legal Usage, 2nd ed.,*[44] の proceeding の項によると、proceeding と proceedings とは interchangeable であると書いてあるので、それほど気にする必

---

40) West Pub. (1992)
41) Foundation Press. (1993)
42) West. (2012)
43) West Pub. (1992)
44) Oxford Univ. Press. (1995)

要はなさそうである。しかし、OCRを掛けた英文法律参考書は、このように法律英語の慣用的使い方を調べるにはうってつけの道具である。もちろん出版物のPDF化は厳格に個人使用目的に限られることは言うまでもない。ご注意を。

第5章

標準対訳辞書にない
法律用語の訳語の見つけ方

1　日本の法律用語に対応する英語が簡単には見つからない理由

　英米法に全く対応する概念のない法律用語が多いことの理由は、日本法が基本的にドイツ法を継受し、英法を継受しなかったことによる[1]。英米法（コモンロー）と大陸法は、その発達の歴史が異なっており、社会を法によって統制する方法の考え方が大きく異なる。だから、英米法と大陸法では、法律用語も大きく異なっている。

　日本法は大陸法の流れを汲む。法律の基本は制定法である。法律用語の多くは厳密に定義され、法律論は演繹的である。コモンローは、判例の積み重ねの中から法原則を見出す。制定法は補助的である。考え方は帰納的である。このように法文化と法律家の思考方法が根本的に異なる。当然に、法律用語も双方が対応する言葉が少ない。英法を勉強し始めたころ、英法で「所有権」をどう表現するのだろうと疑問に思い、英語の「所有権」に相当する言葉を探そうとした。結局、無駄な努力だった。一応、title, ownership, property right などが該当しそうだと考えた。しかし title は、英米私法の講義では「権原」と訳されている。ownership は Sale of Goods の法律参考書にはあまり出てこない。property right は「財産権」に近く、所有権よりもっと広

---

1)　日本の主要な法律用語の70％は、オリジンがドイツ語にあるとのことである。Kayoko Takeda and Yasuhiro Sekine, Ch. 13 *Translation of Japanese Laws and Regulations,* Le Cheng, King Sui Sin and Anne Wagner ed., *The Ashgate Handbook of Legal Translation,* Ashgate. (2014)

い意味を持つ。結論は、「所有権」にぴったりと対応する英語は
ないということが分かった。他の大陸法の法律概念も対応英語
がない点でほぼ同じである。「所有権」を英語でどう表現するか
を調べようとするなら、日本文で「所有権」がどのような文脈で
使われているかを考え、同じような英語の文脈でどのような英語
表現がとられているかを探し出すしかない、ということであった。
コモンローの学習は、語学の学習に似たところがある。たとえば
title の外延と内包は何か、というようなことを考えても無駄で
ある。大事なことは、title という言葉を人々がどういう文脈で
使い、ownership, property right はどのような文脈で使うか、と
いう点について経験を積み重ねて言葉の使い方を会得することで
ある。理詰めではなく、体で覚え込む。

　日本語の法律用語に相当する英語が見つからないことが多いも
う一つの理由は、ドイツ系の法律概念が思弁的であり抽象的であ
ることにある。ドイツ法や日本法では、同じような性質を持った
概念を集めて、それらをひっくるめて共通する性質を抽象し、抽
象の段階を一段高めた言葉を作る傾向がある。その抽象を一段高
めた言葉についても、同じような性質を持った概念を集めてさら
に抽象度を高めた概念をつくることもある。これはドイツ概念法
学の特徴である。日本の法律学者は、概念を細かく分類すること
も好きである。分類して何の役に立つかを考えずに分類にこだわ
る学者も多い。「上告」と「控訴」の区別や、「棄却」と「却下」
の区別などは大陸法学者の分類好きを示している例である。

　コモンローでは、抽象的概念を作ることはあまりしない。だ
から、抵当権に近い mortgage, 質権に近い pledge、先取特権あ

るいは留置権に近い lien という言葉はあるが、これらをまとめた上位概念の「担保権」に相当する英語がない。日本の有価証券理論で学ぶ「有価証券」は、手形小切手、株券や社債券、それに船荷証券や倉庫証券などを含む概念である。コモンローでは、手形小切手は negotiable instrument, 株券や債券は securities, 船荷証券や倉庫証券のような物権証券は documents of title というが、これらをひっくるめた上位概念である「有価証券」に相当する概念がない。当然に、日本の「有価証券理論」のような議論もない。コモンローの学者に比べ、大陸法の学者は抽象論と抽象的概念が大好きである。コモンローの学者は具体が好きで抽象を嫌う[2]。その結果、大陸法系の抽象概念に対応する概念がコモンローや英語自体にない場合が多く発生する。

2　ドイツ語やフランス語に日本語に対応する法律用語を発見することは多い

　他方、日本の基本的法律用語の多くは、ドイツ法あるいはフランス法の法律用語を日本語で訳語として造語したものであるから、当然、ドイツ語やフランス語には日本の法律用語に対応する言葉が多い。こういう場合の翻訳の仕方は、日本の特定の法律用語に対応するドイツ語やフランス語を見つけ、それらがどういう英語に翻訳されているかを調べると適切な英訳語を探すヒントとなる[3]。

---

　2)　名作『動物農場』や『1984 年』で有名なジョージ・オーウェルは次のように言っている。"They（イギリス人を指している：柏木）have a horror of abstract thought, ..." George Orwell, *England, Your England*, Kindle ed., 65/484（私の Kindle 版には copy right の頁がないので出版社、出版年の引用ができなかった。）

それでも適切な英訳語が見つからなければ造語するしかない。適切な造語すらも困難である日本の法律用語は結構多い。このことが日本の法律文書の英訳をさらに困難にしている[4]。

3　対応するドイツ語やフランス語の適切な英訳語がない場合

　ドイツ語やフランス語に対応する法律用語があっても、その独英・仏英辞書による英訳語が使い物にならない場合もある。例えば、前述の手形小切手、株券・債券、船荷証券・倉庫証券等を包含した意味での有価証券のドイツ語は Wertpapier である。フランス語には対応概念がないようである[5]。Wertpapier を英語に直訳すると value paper であるが、これでは英語ネイティブでも意味を想像すらできない。本章 4 の、独英法律経済用語辞典によると security, document／certificate of value, instrument, negotiable instrument, instrument of value, の訳語が掲載されている。document／certificate of value,　instrument of value の

---

3)　本章 4 のように、「独英法律用語辞典」、「仏英法律用語辞典」や英語による比較法の参考書や、私法関係の用語ならヨーロッパの私法統一の努力の産物である DCFR や Principles of European Contract Law（PECL）を利用する。

4)　例えば、法律文には「業者」という言葉が出てくることがあるが、「業者」という言葉は英語でも同じ意味を持つ言葉の造語が困難である。仕方がないから「業者」は具体的職業に応じて訳す。例えば、ケーブル TV 業者なら、cable TV provider, 海上運送業者なら ocean carrier のようになる。反復継続性が「業者」の共通の性質であるが、英語では多くの種類の「業者」について反復性を持つニュアンスを表現しきれない。

5)　effect de commerce が近いが、これは為替手形、約束手形及び質入証券を意味する。

英語は何がなんだか分からない。instrument は単に「証書」という意味であるから、これも意味が広過ぎて「有価証券」の訳語には不適切である。security は「証券」の意味であり不適切。negotiable instrument は手形小切手の総称であるから、誤訳に近い。どれもしっくりこないし、どの訳語を使ってみても、英語ネイティブには意味は想像すらつかないだろう。JLT の標準対訳辞書では、negotiable instrument of value と訳しているが、苦肉の訳である。これで英語ネイティブがその意味を理解するとは思えない。しかし、独英法律経済用語辞典の上記引用のいくつかの訳語より、まだましだと思う [6]。

　「不法原因給付」は、有斐閣『新法律学辞典』にはドイツ語では Kondiktion wegen verwerflichen Empfanges[7]（redemption right against reprehensible receipt：柏木訳）、フランス語では refus d'action pour cause d'indignité（refusal of action for reason of indignity：柏木訳）と出ている。しかし、このドイツ語は山田晟『ドイツ法律用語辞典』（大学書林、改訂増補版、1993 年）にも、ドイツの法律辞典の *Creifelds Rechtswörterbuch*[8] にも出ていない。『和独法律用語辞典[9]』には、「不法原因の給付」の訳として

---

6)　「有価証券」の特徴の一つは、裏書等により証券が転々流通するところにあるから "negotiable" の言葉を使いたい。「証券」であるから instrument も訳語に使いたい。「有価」を直訳すれば value である。そこで有価証券の英訳が negotiable instrument of value ということになるが、他に良訳が見つからない結果である。

7)　Kondiktion は小学館『独和大辞典　第 2 版』に「返還請求権」と出ている。

8)　Carl Creifelds and Klaus Weber, ed., *Rechtswörterbuch*, CH Beck. （2014）

9)　ベルント・ゲッツェ『和独法律用語辞典〔第 2 版〕』（成文堂、2012 年）

Leistung ohne Rechtsgrund と出ている。直訳すれば performance
（delivery）without legal cause である。このドイツ語も、山田
晟『ドイツ法律用語辞典』にも、ドイツの法律辞典の *Creifelds
Rechtswörterbuch*[10] にも出ていない。フランスには不法原因給
付を規定している民法の条文はない。上記のフランス語も、フラ
ンスの法律事典である *Lexique des Terms Juridiques 2022-2023*,
Dalloz, にも出ていない。

　他方、後掲（106 頁）の DCFR には、次のような条文がある。

　　Book VII, Chapter 6, Defences
　　VII, - 6:103 Illegality
　　Where a contract or other juridical act under which an
　　enrichment is obtained is void or avoided because of an
　　infringement of a fundamental principle（III. – 7:301（Contracts
　　infringing fundamental principles））or mandatory rules of law,
　　the enriched person is not liable to reverse the enrichment
　　to the extent that the reversal would contravene the policy
　　underlying the principle or rule.

　これを参考にするなら defense of illegality が考えられるが、直
訳すると「不法の抗弁」を意味するこの英語は広過ぎて誤解を
招きそうである。それなら defense of illegal ground あるいは
defense of illegal cause の方がよいかもしれない。

10）　Carl Creifelds and Klaus Weber, ed., *Rechtswörterbuch*, CH Beck.
　　（2014）

同様に、媒介、仲介、取次の適切な英訳語も見つからない。「媒介」とは、有斐閣『法律用語辞典』によると「いわゆる周旋のことで、他人の間に立って、他人を当事者とする法律行為の成立に尽力する行為」とある。標準対訳辞書では「媒介」を⑴ brokerage, ⑵ intermediation と訳している。「仲介」とはこれも有斐閣『法律用語辞典』によると「他人のために、ある事項について代理又は媒介をすること」と出ている。仲介が「代理」を含む点で「媒介」より広いと言えようが、実質的にはほとんど違いはない。標準対訳辞書では、「仲介」を⑴ intermediation, ⑵ brokerage と訳している。媒介の訳語と順番が入れ違っただけで、内容は同じである。このような衒学的な用語の区別を、英語ネイティブに説明することは不可能であることを示しているようでもある。

　「取次」に至っては正確な概念を短い英語に翻訳することはほとんど不可能である。有斐閣『法律用語辞典』によれば、その意味は「自己の名をもって他人の計算において、法律行為をすることを引き受ける行為」とある。おそらく法律家以外には理解不能の説明であろう。取次をする商人を法律では問屋という。商法の「問屋」は「とんや」ではなく「といや」と読む。一般的に言われている問屋（とんや）ではない。日本の問屋（とんや）は、メーカーから商品を買い、これを二次問屋（とんや）や小売店に転売する。すなわち自己の名をもって自己の計算で売買という法律行為をしていることになる。だから商法が規定する問屋（といや）ではない。非常に紛らわしい。問屋（といや）の典型的な実例は証券会社の証券の委託取引である[11]。それ以外は極めて例外的な取引である。この問屋の定義を上記の『法律用語辞典』の

説明に従って逐語訳したなら、英語ネイティブには絶対に理解不能の翻訳になるであろう。標準対訳辞書では commission という訳語を当てている。これは問屋（といや）に相当するフランス語が commissionair、ドイツ語が Kommissionär であり、取次に対応するフランス語は commission、ドイツ語では Kommission であることによる。フランス人やドイツ人なら分かってくれるかもしれないが、アメリカ人やオーストラリア人等ドイツやフランスの取引になじみのない地の法律家には理解不能であろう。

　一般人は「問屋」を「とんや」と呼んでいるところ、法律家だけ「といや」というように読み方だけを変えて別の意味を持たせることは、衒学的であり、法律を一般人から遠ざけるもので、止めるべきである。同様に、法律家だけが、一般人と異なった読み方をする法律用語に、「競売」と「遺言」がある。「競売」は一般には「きょうばい」であるが、法律家は「けいばい」という。

11）　江頭憲治郎『商取引法〔第9版〕』（弘文堂、2022年）255頁。そこではより正確に典型例は金融商品取引法上の金融商品取引業者及び商品先物取引法上の商品先物取引業者である、としている。そうなら商法にわざわざ広い意味をもつ「問屋」の規定を設ける必要はなく、金融商品取引法に金融商品取引業者に関する規定を、また商品先物取引法に商品先物取引業者に関する規定を設ければよい。その他、日本で行われている「委託取引」が「といや」に相当するという考えもあるが、果たしてそうなのか。商社時代の経験に照らして私には自信がない。なにしろ、「といや」の法律だけをドイツから輸入し、これに該当する日本での取引は何か探索する、という発想だから日本の取引にうまく適合する訳がない。本来なら日本で行われているいわゆる「委託取引」の実態があってそれを調査し、どのような法ルールを設定すれば合理的にこれらの取引が法的にコントロールできるか、という観点から立法すべきであった。発想が逆である。うわべの法だけを輸入し、その法に該当する現実の取引を探すのは本末転倒である。

「遺言」は一般的には「ゆいごん」であるが、法律家は「いごん」という。

4　日本の法律用語に対応するドイツ語あるいはフランス語に対応する適切な英語訳を調べる方法

　ドイツ語に関しては、ベルント・ゲッツェ『和独法律用語辞典〔第 2 版〕』（成文堂、2012 年）が大変便利である。ほとんどの日本語の法律用語に対応するドイツ語が、この辞書を引くことによって分かる。大変便利であるが注意点としては、日本語に対応するドイツ語がない場合には、ゲッツェ先生が造語をしている可能性があることである。もちろん、辞書編纂としては当然であり、それだけこの和独辞典の価値が高まるのだが、対応するドイツ語から対応する英語を探そうとする場合には困る。つまり、対応するドイツ語が分かったらそのドイツ語から独英法律辞典で対応英語を調べようとすると、造語である場合には独英法律辞典の見出し語にそのドイツ語が出ていないからである。前述の「不法原因給付」のドイツ語訳の Leistung ohne Rechtsgrund（法的根拠のない給付：柏木訳）がその例である。そこで、この和独法律用語辞典で日本語に対応するドイツ語を調べたら、念のため、山田晟『ドイツ法律用語辞典〔改訂増補版〕』（大学書林、1993 年）で、それが一般的なドイツ語の法律用語かどうか確認するとよい。

　フランス語に関しては和仏法律用語辞典は発売されていない。私は、中村紘一＝新倉修、今関源成監訳『フランス法律用語辞典』（三省堂、1996 年）の巻末に付いている和文索引を利用して日本語の法律用語に対応するフランス語を探している。山口俊夫

編『フランス法辞典』（東京大学出版会、2002 年）の巻末の和仏基
本法律用語対照表も日本語の法律用語に対応するフランス語を探
すときに便利である。

　日本の法律用語に対応するドイツ語やフランス語を調べるもう
一つの簡単な方法は、竹内昭夫＝松尾浩也＝塩野宏編『新法律学
辞典〔第 3 版〕』（有斐閣、1989 年）を調べることである。この辞
典では、対応するドイツ語、フランス語、英語があれば、その言
葉の見出しの後にこれらの訳語が示されている。例えば「諾成契
約」の見出し語の後には、［独］Konsensualvertrag［仏］contrat
consensual[12]と出ている。私法関係の言葉なら、古い辞典で末川
博編『民事法学辞典（上・下）』（有斐閣、1960 年）も同様に一部
の見出し語には対応するドイツ語、フランス語、英語が表示され
ている。知財関係の言葉なら、北川善太郎＝斎藤博監修『三省堂
知的財産権辞典』（三省堂、2001 年）が便利である。多くの見出
し語の後に、対応する英語が掲載されている。

　日本語に対応するドイツ語、あるいはフランス語が確認で
きたら、独英法律辞典と仏英法律辞典で対応する英語を調べ
る。私が使っている独英法律事典は Romain／Byrd／Thiefecke,
*Wörterbuch der Rechts-und Wirtschaftssprache, 4 Auflage 2
deutsch-english*（*Dictionary of Legal and Commercial Terms, 4th ed.,
german-englisch*）C.H. Beck,（2002）「独英法律経済用語辞典」で
ある。その他、英独、独英の両方を含んだ辞書もいくつかあるが、
Romain／Byrd／Thiefecke に比べて見出し語が少ない。

12）　英語に直訳するとドイツ語もフランス語も consensual contract

フランス語から仏英法律辞典を使って適切な英語の訳語を調べるには、次の仏英法律用語辞典を使って探すとよい。仏英法律用語辞典には、次のものがある。(1) Henry Saint Dahl, *Dahl's Law Dictionary; Français – Anglais, 3rd ed.*, Dalloz, (2007), (2) *Harrap's Dictioinnaire Juridique Français – Anglais・English – French*, Dalloz, (2007). (1)は、685頁の大部の辞書である。(2)は、146頁の小冊子であり、さらに英仏・仏英の両方を含むから、情報量が少なく、物足りない。

5　DCFR アウトライン版の日本語訳[13]を使って日本語の法律用語の適切な英訳を探す方法

　ヨーロッパでは、統一私法を作成しようとする試みが学者の間になされており、そのための準備作業が進行している。一つの成果として Draft Common Frame of Reference (DCFR) と呼ばれる全9巻の成果物が発表されている。その全9巻に付随する形で定義や私法原則などをまとめた巻が出版されている。これを翻訳したのが、上記の書物[13]である。DCFR はすべて英語で書かれている。この研究に参加している学者の出身国はむしろ大陸法国が多いから、DCFR も大陸法的に編纂されており、DCFR の用語も大陸法系の言葉が多い。参加国の中で英語使用国は少数であるにもかかわらず、共通語としての英語の力は大きく、この本では英語を使ってあるべき私法原則を検討している。そこで、大陸法

---

13)　窪田充見ほか監訳『ヨーロッパ私法の原則・定義・モデル準則　共通参照枠草案（DCFR)』（法律文化社、2013年）

系の私法関係法律用語がどのような英語で表現されているかを考えるときに大いに参考になる。例えば後述のように法律行為に相当する言葉は英語で juridical act と表現されている。たぶん、フランス語の act juridique の影響を受けたのであろう。

6　DCFR の利用のメリット

　日本語からそれに相当するドイツ語あるいはフランス語を探し出し、それを独英、仏英辞典を使って対応する英語を探し出す、という方法を紹介した。しかし、その独英、仏英辞典の英語訳がどの程度一般の英語の使い手に了解されているのかというとその保証はない。苦労して独英あるいは仏英法律辞典から探し出した英語が、アメリカ人やイギリス人などには通じないような造語である可能性は大きい。「法律行為」の英訳語の juridical act はその典型である。コモンローの law of contract の法律書には当然だが juridical act の言葉は出てこない。その「造語」がどれだけ英語を使う人達の世間で一般化しているかどうか知るよしもない。おそらくほとんど一般化していないだろう。しかし、DCFR で使われている用語であれば、少なくともヨーロッパの私法学者の間では、共通の意味が理解されているはずである。また、多数の学者の検討の結果の英訳語であるから、他の造語よりはより適切であることが期待できる。また、ヨーロッパの一流の私法学者が参画しているプロジェクトだから、多くの大陸法法律用語の名英訳も見つかる可能性が高い。例えば、JLTでは「不当利得」を unjust enrichment と訳している。unjust enrichment はコモンローの概念であり、その意味は *Black's Law Dictionary* によると次のとおりである。2. A benefit obtained from another not as a gift and not legally justifiable, for which the beneficiary must make restitution or recompense. これを DCFR では、unjustifiable enrichment の用語を当てている。英語ネイティブならこれは unjust enrichment に近い意味を持つ言葉であるが unjust enrichment と必ずしも同じ意味ではない、と理解するだろう。いい訳語である。

　この、窪田充見ほか監訳『ヨーロッパ私法の原則・定義・モデル準則　共通参照枠草案（DCFR）』は、日本の私法の法律用語の英訳語を探すときに大変便利であるので、PDF にして OCR を掛けておくとよい。

7　会計用語その他、法律用語ではないが法令によく出てくる言葉

　JLT のウェブサイトの標準対訳辞書では、法令に出てくる限り、広く会計用語や商取引用語や法令によく出てきてかつ訳しづらい一般語（例えば「対策」）などという言葉の訳語も収録してある。要するに、この辞書は、法令の条文を英訳する人の参考になるように作られている。だから、法令に出てくる用語で英訳に戸惑うような言葉であればできるだけ広く収録しようとしている。

8　法律学術用語

　前述のように、標準対訳辞書には、法律用語であっても「諾成契約」や「要物契約」のような法律の講学上の用語は出ていない。あくまで、法令の英訳のための道具として作られたものだ

からである。法律学術用語の英訳語は、実体法の法令用語以上に体系の違うコモンロー英語には存在しないものが多い。これらの法律用語の英訳語は造語するしかない。他方、これらの日本語の学術用語についてもドイツ語やフランス語に対応する言葉が見つかることが多い。そこでここでも対応するドイツ語やフランス語を探し出し、その英訳を見ることが参考になる。「諾成契約」と「要物契約」については、対応するドイツ語とフランス語（Konsensualvertrag（consensual contract），Realvertrag（real contract）（独），contrat consensual（consensual contract），contrat réel（real contract）（仏））から、それぞれ consensual contract, real contract という英訳語の候補が思い浮かぶ。ドイツ語とフランス語をベースとすることによって、これらのドイツ語やフランス語を知っている英語ネイティブの人達には、その意味を容易に想像できるというメリットがある。

　法律用語には、前述のようにドイツ語の Rechtsgeschäft（juridical act；法律行為）のように、英語に対応する言葉がないものもあるが、フランス法でも cause のようには英語はおろか、フランス法系の国以外の言葉には翻訳できないものもある。『フランス法律用語辞典[14]』では日本語に訳しようがないから「コーズ；原因」との訳をつけている。コーズは言語を日本語の表音文字で表記に変えただけであって、翻訳にはなっていない。しかしどうしようもないから、一般的に日本のフランス法学者は「コーズ」と言っている[15]。

これを「原因」と日本語に訳したのでは意味が広過ぎて何がなんだか分からない。山口俊夫『フランス法辞典[16]』では cause の訳語の記載はなく、次のように説明されている「1,《民》原因（フランス語略）、根拠（フランス語略）、理由（フランス語略）；動機（フランス語略）［法律行為の］（利益）目的◇債権法において、債務者の「債務の直接的理由（フランス語略）」であり、その存在及び合法性は契約の有効要件の一つを構成する。（以下略）」。

　同様に、英語の consideration も大陸法系の国の言葉に翻訳できない。日本では、「約因」と訳語を造語している。造語だから、その意味は日本語ネイティブの誰も分からない。日本語の英米契約法の参考書あるいはコモンローの契約法の参考書を読んで consideration の意味内容を理解するしかない。「対価」という説明を加えている場合もあるが、consideration の訳語としてはほとんど使われていない。田中英夫編『英米法辞典』では「約因」の訳語だけが掲載されており「対価」の訳語には言及していない。意味としては「1. 約因　Simple contract（単純契約）の成立要件。Consideration を欠けば、（伝統的法理によれば）contract under seal（捺印契約）を締結しないかぎり契約は成立しない。（以下略）」と説明されている[17]。意味の分からない翻訳は翻訳といえないが、日本法には似たような概念すらない場合には仕方がないことなのだろう。逆の例では、最近は tsunami は英語として一般化しているが、英語ネイティブにとっては地震の後に来る巨大な

15)　大村敦志『フランス民法──日本における研究状況〈法律学の森〉』（信山社、2010 年）168 頁以下
16)　山口俊夫『フランス法辞典』（東京大学出版会、2002 年）69 頁
17)　田中英夫編『英米法辞典』（東京大学出版会、1991 年）183 頁

波を tsunami という、と理由を考えずにとにかく覚える他はない。
自国語の文化にない言葉は、その意味を翻訳からではなく丸暗記
的に理解するしかない。

9　英文で書かれた比較法の参考書

　欧米で刊行された英語による比較法の本を参照することも有効
である。しかし、これは日本語、ドイツ語、フランス語から検索
するような検索システムはないから、調べようとする法律用語が
出てくるトピックを絞り込み、その比較法の説明を英語で読み、
調べようとする法律用語に対応しそうな英語を探し出さなければ
ならない。大変迂遠な方法である。しかも、英語の比較法の参考
書は、民商法に関しては多いが、刑法や行政法に関する英語で書
かれた比較法の参考書は極端に少ない。少ない中で、私は次の本
を利用している。この本は、比較対象の法律の分野が広範囲であ
ることが特徴である。

＊ Mathias Reimann and Reinhard Zimmermann ed., *The
Oxford Handbook of Comparative Law*, Oxford Univ. Press.
（2006）

特定の法分野の英文で書かれた比較法の参考書も参考になる。
会社法分野では；

＊ Mathias Siems and David Cabrelli, ed., *Comparative
Company Law A Case – Based Approach*, Hart Publishing.
（2013）がある。

刑事法の分野では；

＊ Kevin Jon Heller and Markus D. Dubber, ed., *The Handbook of Comparative Criminal Law*, Stanford Univ. Press,（2011）がある。

刑法関係法律用語の英訳に関しては、重要な参考書がある。それは、団藤重光著の『刑法綱要総論〔第 3 版〕』（創文社、1990年）と『刑事訴訟法』（勁草書房、1955 年）の英訳である。訳者は、元ミシガン・ロースクール教授、ニューヨーク・ロースクール名誉教授の B.J. George である。

＊ Shigemitsu Dando, translated by B.J. George, *The Criminal Law of Japan: The General Part*, William S. Hein & Co., Inc.,（2005）
＊ Shigemitsu Dando, translated by B.J. George, *Japanese Criminal Procedure*, Fred B. Rothman & Co.,（1965）

労働法の分野では、Kazuo Sugeno（translated by Leo Kanowitz）, *Japanese Employment and Labor Law*, Carolina Academic Press, Univ. of Tokyo Press.（2002）がある。菅野和夫『労働法〔第 5版補正 2 版〕』（弘文堂、2001 年）の全訳である。

さらに、最高裁判所事務総局刑事局監修『法廷通訳ハンドブック　実践編【英語】』（法曹会、2018 年）は法廷通訳のための参考書であるが、法律文書の英訳においても大変に参考になる。後半

は刑事関係法律用語の対訳辞書になっている。

10　日本法を英語で解説した参考書を利用する方法

　日本法を英語で解説した参考書は多い。これらは、日本語法律
文書を英訳するときに、適切な単語の発見と表現の仕方について
大変に参考となる。その主なものは、次に示すとおりである。

＊ Hiroshi Oda, *Japanese Law, 4ᵗʰ ed.* Oxford.（2021）

＊ Yasuhei Taniguchi, Pauline C. Reich, Hiroto Miyake ed,,
Civil Procedure in Japan, 3ʳᵈ ed.,（2018）

＊ Joy Larsen Paulson, *Family Law Reform In Postwar Japan –
Succesion and Adoption*, Xlibris Corp.,（2010）

＊ Keizo Yamamoto, *Basic Features of Japanese Tort Law*,
Verlag.（2019）

＊ Collin P.A. and Frank S. Ravitch, *The Japanese Legal
System*, West Academic Pub.,（2018）

＊ Curtis J. Milhaupt, J. Mark Ramseyer and Mark D. West,
*The Japanese Legal System Cases, Codes, and Commentary
(University Casebook) 2ⁿᵈ ed.*, Thomson Reuter.（2012）

第6章

法令文のかっこ書きの訳し方

1 かっこの中にまたかっこ

　法令にはかっこ書きが入れ子構造になった文が多い。かっこ書きの中にさらにかっこ書きが入り、さらにその中にかっこ書きが入ると、もう通常の頭脳では意味を追えなくなる。読者はかっこ付きの文を読むと、かっこ書きの前までの部分をいったん頭の片隅に置いた宙ぶらりんの状態でかっこ書きを読み進み、かっこが閉じた段階で、頭の片隅に置いてあった本文を思い出して読みつなぐから大変読みづらいし、なかなか理解できないし、頭が疲れる。

　税法関連でかっこ付きの文章が多いためか、特に税法は読みづらい。Amazonなどのネットの書籍売り場で「法の読み方」という検索語で検索をすると、リストされる本の半分程度が税法関係である。もっともアメリカでも連邦税法（Internal Revenue Code）の条文も複雑で読解に苦労するから、条文が読みづらいのは税法の宿命なのかもしれない。

　かっこ書きの中にかっこ書きがあり、さらにその中にかっこ書きがあるという三重のかっこ書きは、ロシアのおみやげのマトルーシュカのようである。内閣法制局の申し合わせによると、「三重かっこ以上の重かっこは用いないものとし、また、二重かっこの使用もできるだけ避ける」ことになっている[1]。ただし、後掲の法人税法第34条第1項第3号イのように三重かっこの文

1）　松尾浩也＝塩野宏編『立法の平易化』（信山社、1997年）58頁

章は残っている。また、二重かっこなら文章がいくら長くなってもいい、ということではない。本章3に掲げる法人税法第57条の2などは、二重かっこのみであるが、まともに読めない文章になっている。

2　かっこ書きの目的

　かっこ書きを用いる目的は、⑴前の字句からあるものを除外し又は含ませ又はある範囲に限定する場合、⑵前の字句を他の字句に置き換える場合、⑶前の字句を定義する場合、⑷ 前の字句の略称を定める場合、その他いろいろの場合に用いられる[2]。条文を読んでいて思考の邪魔になるのは、上記のうち⑵読み替えと⑴加除訂正を行う場合である。定義や略称については、あまり思考を阻害しない。

3　書いてあることを理解する方法

　こういう複雑なかっこ書きを含む文章を翻訳するには、まず、かっこ付きの条文の意味を理解しなければならない。二重かっこや三重かっこの法文を読むときは、税法の読み方の参考書によると、かっこ内の文章を、かっこの順番にしたがって、二色あるいは三色のマーカーでぬりつぶし、あるいは番号を振り、最初はすべてのかっこ内の文章を省略して読み、次に、最も大きいかっこ内の文章までを読み、順次小さいかっこまで読みくだすと文意が

---

　2)　法制執務研究会編『新訂ワークブック法制執務〔第2版〕』（ぎょうせい、2018 年）688 頁

分かると書いてある。

　例えば法人税法第57条の2の柱書きを色づけしてみよう。最も大きなかっこ書きの中を黄色のマーカーで、次に大きなかっこ書きの中を緑色のマーカーで色づけする。本書は多色刷ではないので、各色を下線で示す。まずは、無色のところを読む。次に黄色のかっこ書き（本書では下線で示す）とその直前の部分を読む。次に緑色のかっこ書き（本書では二重下線で示す）について同じ事をくりかえす。最後に全文をもう一度読む。このように読むと全体が理解しやすい。幸いこの条文には三重かっこはない。

第五十七条の二　内国法人で他の者との間に当該他の者による特定支配関係（当該他の者が当該内国法人の発行済株式又は出資（自己が有する自己の株式又は出資を除く。）の総数又は総額の百分の五十を超える数又は金額の株式又は出資を直接又は間接に保有する関係その他の政令で定める関係をいい、政令で定める事由によつて生じたものを除く。以下この項において同じ。）を有することとなつたもののうち、当該特定支配関係を有することとなつた日（以下この項及び次項第一号において「支配日」という。）の属する事業年度（以下この項において「特定支配事業年度」という。）において当該特定支配事業年度前の各事業年度において生じた欠損金額（前条第二項の規定により当該内国法人の欠損金額とみなされたものを含むものとし、同条第一項の規定の適用があるものに限る。以下この条において同じ。）又は評価損資産（当該内国法人が当該特定支配事業年度開始の日において有する資産のうち同日における価額がその帳簿価額に満たないものとして政令で定めるものをいう。）を有するもの

（以下この条において「欠損等法人」という。）が、当該支配日
以後五年を経過した日の前日まで（当該特定支配関係を有しな
くなつた場合として政令で定める場合に該当したこと、当該欠損
等法人の債務につき政令で定める債務の免除その他の行為（第三
号において「債務免除等」という。）があつたことその他政令で
定める事実が生じた場合には、これらの事実が生じた日まで）に
次に掲げる事由に該当する場合には、その該当することととなつ
た日（第四号に掲げる事由（同号に規定する適格合併に係る部
分に限る。）に該当する場合にあつては、当該適格合併の日の前
日。次項及び第三項において「該当日」という。）の属する事業
年度（以下この条において「適用事業年度」という。）以後の各
事業年度においては、当該適用事業年度前の各事業年度にお
いて生じた欠損金額については、前条第一項の規定は、適用
しない。

4　条文のかっこ書きを注書きにすると

　この難解な条文のかっこ書きを単純な定義以外のものをすべて
注書きにするとどうなるだろうか。

　第五十七条の二　内国法人で他の者との間に当該他の者に
　よる特定支配関係 a を有することととなつたもののうち、当該
　特定支配関係を有することととなつた日（以下この項及び次項
　第一号において「支配日」という。）の属する事業年度（以下こ
　の項において「特定支配事業年度」という。）において当該特定
　支配事業年度前の各事業年度において生じた欠損金額 b 又
　は評価損資産 c を有するもの（以下この条において「欠損等法

人」という。）が、当該支配日以後五年を経過した日の前日までdに次に掲げる事由に該当する場合には、その該当することとなつた日eの属する事業年度（以下この条において「適用事業年度」という。）以後の各事業年度においては、当該適用事業年度前の各事業年度において生じた欠損金額については、前条第一項の規定は、適用しない。

注　a．　当該他の者が当該内国法人の発行済株式又は出資（自己が有する自己の株式又は出資を除く。）の総数又は総額の百分の五十を超える数又は金額の株式又は出資を直接又は間接に保有する関係その他の政令で定める関係をいい、政令で定める事由によつて生じたものを除く。以下この項において同じ。

　　b．　前条第二項の規定により当該内国法人の欠損金額とみなされたものを含むものとし、同条第一項の規定の適用があるものに限る。以下この条において同じ。

　　c．　当該内国法人が当該特定支配事業年度開始の日において有する資産のうち同日における価額がその帳簿価額に満たないものとして政令で定めるものをいう。

　　d．　当該特定支配関係を有しなくなつた場合として政令で定める場合に該当したこと、当該欠損等法人の債務につき政令で定める債務の免除その他の行為（第三号において「債務免除等」という。）があつたことその他政令で定める事実が生じた場合には、これらの事実が生じた日まで。

　　e．　第四号に掲げる事由（同号に規定する適格合併に係る部分に限る。）に該当する場合にあつては、当該適格合併の日の前日。次項及び第三項において「該当日」と

　　いう。

　この方が原文よりずいぶん分かりやすくなったのではなか
ろうか。このように注書き型式に変換してこれを翻訳すれば、
翻訳が楽だし文も短くなる。柱書きも短くなるから、英訳し
やすい。このような注書き型式のままの翻訳であっても、原
文の意味を正確に英語ネイティブに伝えるという翻訳の目的
は十分に問題なく機能している。翻訳の重要な条件の一つが、
英語ネイティブに分かりやすい表現の英文に書き変える、と
いうことであるなら、私としてはかっこ書きを注書きに書き
直して翻訳した方がよいと考える。ただし、このように条文
の本文中に注釈を加えた法令は、英米では見当たらないよう
である。しかし、形式の違和感より、分かりやすさの方が重
要であろう。さらに言えば、立法段階からこのような箇条書
きあるいは注書き型式を採用して、法文を分かりやすく表現
してほしいものである。注書き型式の英語訳を次に示す。

　If a domestic corporation that comes under the specified
controlled relationship (a) controlled by other persons and
that has, in the accounting year of the day when the other
person gained the control (such day being called "control
date" and such accounting year being called "specific control
year"), loss (b) or valuation loss assets (c) that arose in the
accounting years before the specific control year, comes
to fall in one of the following items until the day when 5
years have elapsed from the control date (d), then, in the
accounting years after such falling happened, the provisions

of the first paragraph of the preceding article do not apply.

Notes:

(a) "specified controlled relationship" meaning the relationship under which the other person holds directly of indirectly more than 50% of all in number or in the monetary amount of issued shares or contributions (excluding shares or contributions held by the domestic corporation itself) and other relationship specified by a cabinet order but excluding those caused by a cabinet order (same applies in this paragraph),

(b) (以下の注書きの英訳は省略)

5 英訳が難しい日本の法令条文用語の細かいルール

日本の法令条文用語には細かな規則があり、英訳することが難しいルールもある[3]

「及び」と「並びに」、「又は」と「若しくは」の使い方である。法令では「及び」は小さい方の連結に、「並びに」は大きい方の連結に使われる。民法第315条を例にとって説明すると次のようになる。分かりやすいようにかっこを加えてある。

　　第三百十五条　賃借人の財産のすべてを清算する場合には、賃貸人の先取特権は、〈（前期、当期及び次期）の賃料その他

3）　詳しくは、林修三『法令用語の常識』（日本評論新社、1958 年）

の債務〉並びに〈（前期及び当期）に生じた損害の賠償債務〉についてのみ存在する。

　英語で「及び」と「並びに」はどちらも and であるから、日本語のような器用な区別はできない。仕方がないから、コンマの活用でくくりが分かるようにする[4]。これを実際に英訳してみると次のようになる。

Article 315　When all of the lessee's assets are to be liquidated, the statutory lien of the lessor exists only with respect to the rent and other obligations for the previous, current and next terms, and obligations to compensate for loss or damage that arise in the previous and current terms.

　英訳の仕方としては、英語でも上記日本説明文のように2種類のかっこを使う方法や、英文契約書で長文かつ複雑な契約文でよく使う(i)(ii)などの番号をふるやり方もある。例えば上記の英文であれば；

Article 315　When all of the lessee's assets are to be liquidated, the statutory lien of the lessor exists only with respect to (i) the rent and other obligations for the previous, current and next terms, and (ii) obligations to compensate for loss or damage that arise in the previous and current terms.

---

4)　JLT ウェブサイト HP の「法令翻訳の手引き」を参照のこと。

明確さと分かりやすさの観点からは、後者の(i)や(ii)を使った方がよい。翻訳でも、このように(i)(ii)などを使って原文の意味を明確に伝えた方がよい。そのときネックになるのは、根拠のない逐語訳信仰だけだろう。

　「又は」と「若しくは」については、「若しくは」は小さい方の連結に、大きい方の連結には「又は」を使う。これも民法第376条第1項を例にとって、かっこを使って説明すると；

　　第三百七十六条　抵当権者は、〈その抵当権を他の債権の担保とし、〉又は〈同一の債務者に対する他の債権者の利益のために（その抵当権若しくはその順位）を（譲渡し、若しくは放棄する）〉ことができる。
　　Article 376　　(1) A mortgagee may apply the mortgage to secure other claims, or assign or waive that mortgage or its order of priority, for the benefit of other obligees of the same obligor.

　これも(i)や(ii)を使って英訳してみると；

　　Article 376　(1) A mortgagee may apply the mortgage to (i) secure other claims, or　(ii) assign or waive that mortgage or its priority, for the benefit of other obligees of the same obligor.

となる。これも、カンマを使うより明確で分かりやすい。「及び」、「並びに」、「又は」、「若しくは」が何重にも入れ子状になってい

る場合なら(i)や(ii)の他に(I)や(II)も利用できる。

6 「等 [5]」

　日本の法令では「等」がやたらと出てくる。「等」の前に置か
れる言葉は、それだけには限られずに他の事項も含む、というこ
とを意味する。しかし、何が含まれるかは見当がつかない。「等」
が多く現れるのは（以下「〜等」という）というような定義規定
の中であり、地の文章の中に「等」が現れることは少ない。例え
ば破産法第3条は次のように規定する。

　　第三条　外国人又は外国法人は、破産手続、第十二章第一節
　　の規定による免責手続（以下「免責手続」という。）及び同章
　　第二節の規定による復権の手続（以下この章において「破産手
　　続等」と総称する。）に関し、日本人又は日本法人と同一の地
　　位を有する。

　　Article　3　A foreign national or foreign corporation has he
　　same status as a Japanese national or Japanese corporation,
　　with respect　to bankruptcy proceedings, discharge
　　proceedings under the provisions of Chapter XII, Section

---

　5)　「等」については、林・前掲注3、169頁以下。林修三は「まず、法
　　令の規定内容として、この『等』を使うことは、その意味を曖昧にする
　　可能性が多いから、規定内容そのものとして、この『等』という字が使
　　われることは、比較的少ない」と言っている。法制執務研究会・前掲
　　注2、158頁以下参照。また日本人がetc.を使い過ぎることについては、
　　長部三郎『伝わる英語表現法』（岩波新書、2001年）130頁

1 (hereinafter referred to as "discharge proceedings") and proceedings for restoration of rights under the provisions of Section 2 of said Chapter (hereinafter collectively referred to as "bankruptcy proceeding, etc." in this Chapter).

「等」の前の語句（例えば上記の例では「破産手続」）は、「等」がその条文で意味するとされるいくつかの列挙された語の最初の語が来るようである。ここでは「破産手続」が「等」が表す３つの語句（破産手続、免責手続、復権の手続）の最初の語である。したがって、「破産手続等」となる。これでは「破産手続等」の表現から「等」が何の言葉を含むのか推測することはできない。参考に、米国連邦倒産法の条文中にあらわれる定義ぶりを見てみると；

§ 363. Use, sale, or lease of property

(a) In this section, "cash collateral" means cash, negotiable instruments,

documents of title, securities, deposit accounts, or other cash equivalents whenever acquired……

§ 365. Executory contracts and unexpired leases

(a) to (g) omitted

(h) (1) (A) If the trustee rejects an unexpired lease of real property under which the debtor is the lessor and-

((A) (i) to (C) omitted)

(D) In this paragraph, "lessee" includes any successor, assign, or mortgagee permitted under the terms of such lease.

　このように、定義された言葉が複数の言葉を含む場合には、その複数の言葉がある程度連想されるような包括的な言葉が定義語として使われるか、lessee のように定義された言葉がその承継人のような同類の者も含んでいる場合の念のための定義である。したがって、日本の条文の書き方よりも定義された言葉だけからでもその内容が想像しやすく、「等」のように「他にもまだあるよ」というような趣旨を示す必要はない。また、定義文は or other equivalents や include という言葉を使っているので限定的ではなく、他にも含まれることがあることは示唆されているので、特に「等」に相当する言葉を使う必要もない。

　「等」を英訳しようとすると etc. くらいしか思いつかない。しかし、「等」をいちいち etc. と訳すと、実に不格好な文章となってしまう。なんとか etc. を使わない方法はないか、と考えたがうまくいかない。前述のように「等」は定義に使われることが多い。定義された言葉なら、日本の法令の英訳の場合も、その内容は定義を見れば分かる。だから etc. を省略してもよいのではないか、という意見もあった。しかし、前の日本の破産法第3条の例でも、etc. を取ってしまうと；

　　Article　3　A foreign national or　… has the same status as a Japanese national or　…, with respect to bankruptcy proceedings, discharge proceedings　…　and proceedings for restoration of rights …．（hereinafter collectively referred to as "bankruptcy proceeding" in this Chapter）．

となってしまう。これでは、この後の文章でbankruptcy proceeding
という言葉が出てきた場合に、免責手続と復権手続を含む定義さ
れたbankruptcy proceedingを意味するのか、一般普通名詞とし
てのbankruptcy proceedingを意味するのか、分からなくなって
しまう。

　定義語はBankruptcy Proceedingのように最初を大文字にして
定義語と普通名詞の用法を区別する方法もあるが、英文契約書ド
ラフティングの慣行とは異なり、コモンローの法域の多くでは、
法律条文では定義語は語の最初の文字を大文字にしない。また日
本の条文では「以下本章では「○○」という」という定義も多い。
これを英訳した場合、その章に出てくる定義語についてのみ、定
義語の語の最初の文字を大文字にし、他の章では小文字のままに
するのは、大変神経を使う作業である。「以下本章では〜」のほ
かにも「以下本節では〜」とか「以下本編では〜」と多くの種類
があるから、その都度、指定された章や節や編の中だけ定義され
た語の最初の文字を大文字にするということは大変に面倒な作業
である。

　そのような事情でJLTで、etc.を使わない案もボツとなった。
だから、いまだにJLTではetc.が頻出しており、不格好のまま
である[6]。それでも、法令名の中の「等」は省略しても誤解は生
じないだろうし、法令名中の不格好なetc.は目立ち過ぎるから

----

6)　塩野宏教授は、「等」は日本語としてはどうも品がよくないし、外国
　　語には翻訳しにくい、という。塩野宏、コラム4「等」、松尾＝塩野・
　　前掲注1、103頁

省略することにしている。

　状況によってはinter alia（「就中」）を使って etc. の使用を回避
することができるが、限度がある [7]。定義規定中の「等」は etc.
を使わずに inter alia で処理するわけにはいかない。当然のこと
ながら、コモンローの法令では etc. はめったに出てこない。だ
から法令の英文訳としては、etc. の頻出はますます目立ってしま
う。

---

7)　金融商品取引法第1条
　第一条　この法律は、企業内容等の開示の制度を整備するとともに、金
　融商品取引業を行う者に関し必要な事項を定め、金融商品取引所の適切
　な運営を確保すること<u>等</u>により、有価証券の発行及び金融商品等の取引
　<u>等</u>を公正にし、有価証券の流通を円滑にするほか、資本市場の機能の十
　全な発揮による金融商品<u>等</u>の公正な価格形成等を図り、もって国民経済
　の健全な発展及び投資者の保護に資することを目的とする。
　Article 1 The purpose of this Act is to ensure fairness in, <u>inter alia,</u>
　the issuance of Securities and transactions of Financial Instruments,
　etc. and to facilitate the smooth distribution of Securities, as well as
　to achieve fair price formation for Financial Instruments, etc. through
　the full utilization of the functions of the capital markets, by, <u>inter alia</u>,
　streamlining systems for the disclosure of corporate affairs, specifying
　the necessary particulars relevant to persons conducting Financial
　Instruments Business, and ensuring the appropriate operation of
　Financial Instruments Exchanges, thereby contributing to the sound
　development of the national economy and the protection of investors.

第7章

英語独特の問題

1 Gender

　英語には gender という面倒な問題がある。女性名詞と男性名詞のあるドイツ語やフランス語に比べればまだましである。さらにそれに加えて中性名詞もあるロシア語やラテン語や古典ギリシャ語に比べればさらにましである。日本語には男性名詞、女性名詞の区別はないから、日本人にとっては言葉の gender の問題はなじみがなく難しい。例えば、アメリカ英語では、弁護士につける尊称は esquire の略の Esq. である。手紙の最初に書く名宛人には Barack Hussein Obama, Esq. という具合に使う。*Oxford Dictionary of English* によると Esquire の意味は 1. Brit a polite title appended to a man's name when no other title is used, typically in address of a letter or documents. とあり、さらに 2. historical a young nobleman who, in training for knighthood, acted as an attendant to a knight. とある。したがって、英語としては、男性を前提とする。アメリカには *Esquire* という男性向け雑誌もある。しかし、アメリカでは女性弁護士に手紙を書くときも、宛名には Hillary Diane Rodham Clinton, Esq. のように Esq. を使う。

　コモンロー国の多くは、法令に使用する単語は原則として性の区別から中立（gender free）の表現をとる。例えば、"he or she" "his or her" "himself or herself" のような人称代名詞は使わずに、これらが表そうとしている名詞をくり返す[1]。もちろん "he／

---

1) Uniform Law Commission, *Drafting Rules and Style Manual, 2021ed.*, Rule 704. Gender

she""his／her""himself／herself" も使わない。英語として不格
好だからである。次の例文の下線部を見ていただきたい。ここで
he／she は使わずに、person に the や that をつけて代名詞の使
用を避けている。

> If a person committing the crime referred to in item (i) of the
> preceding paragraph uses the title of a medical practitioner
> or a similar title in doing so, <u>that person is</u> subject to
> imprisonment for up to three years, a fine of up to two million
> yen, or both.（医師法第 31 条第 2 項[2]）

　このように、人称代名詞を使わずにそれが表す名詞を繰り返
す方法のほかに、最近は singular they と呼ばれる gender free の
they 用法の利用が広まっている。"they" だけではなく、their,
them, theirs, themselves のような they の派生形も同じである。
つまり、単数の人称代名詞の代わりに they 及びその派生形を使
うことによって性別の区別をしない方法である。上の文章なら次
のようになる。

> If a person committing the crime referred to in item (i) of the
> preceding paragraph uses the title of a medical practitioner
> or a similar title in doing so, <u>that they are</u> subject to
> imprisonment for up to three years, a fine of up to two million
> yen, or both.

---

2)　法務省大臣官房司法法制部「法令翻訳の手引き」27 頁 http://www.
　japaneselawtranslation.go.jp//ja/infos/download/1

2　Shall

　英文契約書では、shall が頻出する。Shall は「〜するものとする」と訳すとぴったり意味が合うから、「〜するものとする」と書くべきところは英文では shall を使って表現すればよい、と思い込む日本語ネイティブが多い。特に英文契約書を書く場合にそのような傾向がある。私も企業の法務部に入りたてのころはそうであった。ところが、この shall は多義的であり、そこで法律文書作成の場合は限定的に使うべきである、というコモンロー国のドラフティング専門家の指摘が多い。

　Dickerson によると、shall は、権利を創設し、権利を否定し、法的権限（legal authority）を創設し、法的義務を創設し、前提を規定する[3]。

　アメリカの Uniform Law Commission による Drafting Rules and Style Manual の Rule 803 には、shall は人に対する命令あるいは人の義務規定にのみ使え、と書いてある。"must" は、義務ではない前提条件に使う。例えば、An applicant must be a citizen of this state. という具合である。法律による準則を述べる場合は現在形を使う。This Act shall apply to documents on file. という表現は、これは義務規定ではないし、上記 Dickerson の shall の使い方にも合わないから誤りであり、This Act applies to

---

3)　Reed Dickerson,*The Fandamentals of Legal Drafting 2nd ed.*, Little, Brown and Co.,（1986）at 213

documents on file. でなければならない。

　定義規定も義務を表すものではないから、Article 2　(1)　The term "securities" as used in this Act shall mean the following: … は誤りである。"shall mean" は "means" でなければならない。

　Bryan A. Garner, *The Redbook 3ʳᵈ ed.*, West. (2013) には、次のように書いてある[4]。

　　(ｂ) 曖昧な "shall"　(英文契約書の) 起草者は誰もが、shall は強制的表現 (mandatory) である、という説明を聞いたことがあるはずである。しかし、契約では shall は少なくとも4つか5つの異なった意味に使われている。あるときは、強制的 (mandatory) 表現として使われている。(the employee shall send notice) またあるときには "may" を意味する。特に否定型においてそうである (neither party shall disclose)。ある場合には、「～する権利がある」(is entitled to) を意味する。(the corporate secretary shall be reimbursed for all expenses) ある場合には、単純な未来形である。(if any partner shall become bankrupt) さらに裁判所はしばしば shall は "should" を意味すると判示している。一般的に、契約上の義務は will で十分表現できる。< Grogan will pay \$25,000 to Jensen upon delivery of the piano > 義務を伴わない主題 (non-duty-bearing subject) について強制的表現が必要な場合には must を使うべきである。< Each order must be signed >

---

4)　Bryan A. Garner, *The Redbook 3ʳᵈ ed.*, West. (2013) 520,　柏木訳

Bryan Garner は、彼の著書の *Legal Writing in Plain English*，では、さらに一歩進めて「shall を使うな」と言っている[5]。Bryan Garner は、法律文書論の第一人者であり、*Black's Law Dictionary* の編者でもある。

　"Shall" は多義的であるだけに、使用に関してはなるべく限定的にした方がよいであろう。連邦規則集——民事規則、刑事規則、控訴裁判所規則、証拠規則——は最近 shall を使わないように改正された[6]。

---

5) §35 of Legal Writing in Plain English のタイトルが "Delete every *shall*" となっている。Bryan Garner, *Legal Writing in Plain English, A Text with Exercises, 2ⁿᵈ ed.* Univ. of Chicago Press.（2013）124

6) 　Bryan Garner, *supra*, note 5, at 126

第8章

英訳がほとんど不可能か著しく難しい日本の法律用語

1　「意思表示」

「意思表示」に対応するドイツ語はWillenserklärung（declaration of will）であり、フランス語はdéclaration de volonté（declaration of will）である。JLT の標準対訳辞書では manifestation of intention となっている。DCFR では declaration of intention であり、明かにフランス語の英語直訳である。JLT の標準対訳辞書でも、DCFR に倣って declaration of intention でもよかったかもしれない。もっとも英語の declaration の意味は*Black's Law Dictionary* によれば：A formal statement, proclamation, or announcement, esp. one embodied in an instrument とあるので、意思表示の「表示」にしては形式主義的でおおげさな印象である。さらに同書によると declaration of intention の意味として、外国人がアメリカ合衆国市民となる決意と他の政府又は国家に対する忠誠の放棄の表明を意味する。JLT の訳語の manifestation of intention を変える必要もないだろう。

2　「善意」「悪意」

大学の法学部の民法の授業で最初に教わることは、法律用語としての「善意」「悪意」は倫理の善悪とは無関係であり、単に「（事情を）知らない」「（事情を）知っている」という意味である、ということである。普通使われる日本語の単語を、法律家だけがこういう一般常識の意味とは異なった意味に使うことは百害あって一利なしであり、こういう悪習は止めるべきであるが plain

Japanese 運動の一環としてこれを是正しようという動きは全くない。平成 29 年の債権法改正の際にも、「善意」「悪意」の用語の使用を止めようという動きはなかった。

　「善意」に対応するドイツ語は guter Glaube（日本語に直訳すると「良い信念」）、フランス語は bonne foi[1]（日本語に直訳すると「良い信念」）と第 5 章 105 頁の『新法律学辞典』には出ている。第 5 章 104 頁にも記した山田晟『ドイツ法律用語辞典』によると guter Glaube は次のように説明されている。

> 善意、知らないこと、および知らないことについて重過失もないことを〜という場合と（動産所有権の善意取得の要件としての善意。民法 932 条 2 項）、重過失があっても知らなければ〜であるという場合（不動産物権の善意取得の要件としての善意。民法 892 条参照）とがある。

　JLT がスタートした当初は、日本法を知らない人でも意味がすぐに分かるように、ストレートに善意を without knowledge、悪意を with knowledge としてはどうかと考えた。この訳語で善意取得に関する民法第 192 条を訳してみると次のようになる。

---

1)　中村紘一＝新倉修＝今関源成監訳『フランス法律用語辞典』（三省堂、1996 年）41 頁では次のように説明されているから、ドイツ語の善意・悪意とは意味が多少異なる。「［民法］善意；誠実　①誠実 // この語は 2 つの意味に使用される。まず bonne foi とは法律行為の締結および履行における誠実さのことをいう。②善意 // また、bonne foi は、ある事実、ある権利、またはある法規範の存否に関する過失なき誤った認識を指すこともある」

第百九十二条　取引行為によって、平穏に、かつ、公然と動産の占有を始めた者は、善意であり、かつ、過失がないときは、即時にその動産について行使する権利を取得する。

Article 192　A person that commences the possession of movables peacefully and openly by a transactional act acquires the rights that are exercised with respect to the movables immediately if the person possesses it without knowledge and without negligence.

　これでは何についての knowledge であるか、何についての無過失か、この文章だけからでは見当がつかない。日本法を知らない人がこの英文を読めば、without knowledge は「占有を開始したこと（possesses it）を知らない」という意味にとるのが自然だろう。つまり、知らないうちに占有を開始した場合と理解してしまうだろう。知らないうちに物の占有を開始するというのは、よほどのんきな人に限られるだろう。注釈民法をみると、知らないことの対象は、「前主が無権利者であったこと」であり、無過失は「前主が無権利者であったことを知らなかったこと」について無過失であることから[2]、それが分かるようにすると最後のフレーズは次のようになろう：if the person possesses it without knowing that the transferor of the movables did not have the right to transfer it and the person was not negligent in not so knowing.

2)　川島武宜＝川井健編『新版注釈民法(7)　物権(2)』（有斐閣、2007 年）184 頁

この訳ではいかに通説判例に従っているとはいえ、翻訳者の補充
と解説が強過ぎ、法令翻訳の許容範囲を超えそうである。

　また、「善意」を翻訳文の読者が理解できるようにかつ翻訳者
の主観的解釈を排除して英訳しようとすると、都度、何について
知らないことなのかということをいちいち判例通説を調べてそれ
に従って翻訳しなければならない。注釈民法で判例通説を調べよ
うとしても、この点について言及のない場合も多い。しかも「悪
意」には、本当の「悪意」すなわち「害意」の意味で使われてい
る場合もある。例えば、会社法第 836 条は次のように規定する。

　　第八百三十六条　会社の組織に関する訴えであって、株主又
　　は設立時株主が提起することができるものについては、裁判
　　所は、被告の申立てにより、当該会社の組織に関する訴えを
　　提起した株主又は設立時株主に対し、相当の担保を立てるべ
　　きことを命ずることができる。ただし、当該株主が取締役、
　　監査役、執行役若しくは清算人であるとき、又は当該設立時
　　株主が設立時取締役若しくは設立時監査役であるときは、こ
　　の限りでない。
　　2　（略）
　　3　被告は、第一項（前項において準用する場合を含む。）の
　　申立てをするには、原告の訴えの提起が悪意によるものであ
　　ることを疎明しなければならない。

　この第 3 項の「悪意」は、「いわゆる総会屋・会社荒らしのよ
うに、会社を困惑させる意図、すなわちいやがらせの目的のみを
もって訴えを提起することをいう（裁判例引用略）[3]」。何かの事

実を「知っている」という意味ではない。この趣旨までも英訳すると、どうも翻訳の範囲を超えそうである。

このように、すべての場合に「善意」「悪意」をそれぞれ単純に without knowledge of …, with knowledge of …とは訳せない。結局 JLT の標準対訳辞書では次のように説明されている。

善意で（ぜんいで）

(1) in good faith

【注】法律用語としての「善意」を翻訳すると unknowingly または without knowledge となる。しかし、法文英語に unknowingly または without knowledge をそのまま使うと誤解を招く構造になってしまうことが多い。疑問がある場合には安全のために in good faith を使った方が無難である。

(2) unknowingly

(3) without knowledge

厳密には日本の法律用語の善意・悪意を"good faith,""bad faith"と訳すのは誤訳である。しかし、前述のような次第で苦渋の決断による「誤訳」を承知の上での誤訳である。法令用語は日常用語からかけ離れるべきではなく、「善意」「悪意」の語は有害な legalese の典型であるから、早急に法令から追放すべきである。

---

3) 江頭憲治郎『株式会社法〔第8版〕』（有斐閣、2021年）378頁

3　「監査役」

　監査役は日本独特の制度であり、日本以外では似たような制度が韓国、台湾、中国にあるだけである。だから当然に「監査役」に対応する英語がない。「監査役」を英訳するときは造語するしかない。日本法令外国語訳データベースでは「(company) auditor（company は省略可）」としている。これでは「役員」としての重みがない、との批判がある。指名委員会等設置会社の監査委員会の英訳語は audit and supervisory committee である。そこで、「監査役」を audit and supervisory board member と訳してはどうか、というアイデアもあった。しかし、訳語として長い。法令用語あるいは学術用語としての法律用語の翻訳語は短くないと訳文が読みづらくなる。できれば 3 words 以内に納めたい。「監査役」が頻出する条文の翻訳では、この長い訳語では全体の訳文が非常に長くなり、読むに耐えなくなるので使えない。また、監査役会（audit and supervisory board）を持たない株式会社の監査役に（監査役会の）member はおかしい。(company) auditor の訳語を選択したのは、良訳が見つからなかった結果の last resort である。

4　「無期懲役」

　標準対訳辞書では、「無期懲役」を life imprisonment と訳している [4]。しかし、アメリカでは life imprisonment は仮釈放な

---

　4)　life in prison ともいう。

し（without parole）のものと、仮釈放の可能性のあるもの（with possibility of parole）の２種類があり、life imprisonment だけではどちらか分からないようである。life imprisonment without parole の場合は文字どおり終身刑であり、受刑者が死ぬまで刑務所に留めおく。life imprisonment with possibility of parole の場合は仮釈放があり得る。日本の無期懲役刑では仮釈放の制度があり、条件を満たせば仮釈放され、保護観察に付される[5]。だから正確に英語に訳せば無期懲役は life imprisonment with possibility of parole となろう。しかし、訳語としてはいかにも長い。こうなってくると、次々に説明のフレーズが追加され、法令用語あるいは学術法律用語の訳語としてふさわしくなくなる。「改悛の情があるとき」などの要件も付け加えれば「正確さ」は増すだろうが訳語はどんどん長くなる（life imprisonment with possibility of parole when the inmate shows an attitude of repentance）。これに懲役の説明を加えると、無期懲役の訳語は次のように長くなってしまう。life imprisonment with labor for rehabilitation and resocialization with possibility of parole when an inmate shows an attitude of repentance これでは寿限無寿限無のようになってしまい、日本語の４文字単語の訳語にならない。日本語の単語の訳

5）　古畑恒雄「インタビュー：連合赤軍事件と私：12 人のリンチ自白 異常な集団心理が純粋な学生変えた」朝日新聞 2022 年 2 月 26 日朝刊 15 頁。元検察官の古畑恒雄氏談「法務省によると、2020 年中の新規仮釈放者は 8 人。その年の無期刑受刑者は 1744 人ですから、たったの 0.4％です。新規仮釈放者の平均受刑期間は 37 年 6 ヶ月。私が法務省保護局総務課長だった 1981 年は 1 年で 67 人が仮釈放されました」 仮釈放率はかなり小さいから、日本の無期懲役を life imprisonment with parole と訳したのでは却って仮釈放に過剰な期待がかけられ、ミスリーディングである。

語を決めるときは、最重要ポイントの意味を伝えることであるが、訳語をできるだけ短くすることも重要である。どこかで決断してある程度不正確でも大筋で近似の概念があれば、短く明瞭な訳語を選択する必要がある。標準対訳辞書では無期懲役は単に life imprisonment としてある。

　2022 年の刑法改正により「懲役」と「禁錮」が「拘禁刑」に変わった。「拘禁刑」をどういう英語に翻訳するか、法務省と法務省日本法令外国語訳推進会議メンバーは、頭が痛いことだと想像する。私は、「拘禁刑」も imprisonment の訳語を当てていいのではないか、と思うが本書の執筆時点ではどういう訳語になるか、想像がつかない。おそらく、上記の「無期懲役」に関する過去の解釈と運用は、大きく変更されないであろうから、「拘禁刑」も「無期拘禁刑」も訳語はそれぞれ imprisonment, life imprisonment の訳語のままで、差し支えがないのではないだろうか。

5　「〜業」「〜業者」

　日本の法律文書では「金融商品取引業」「金融商品取引業者」のように業種あるいはそれに従事する人、法人、団体を示す「〜業」及び「業者」の言葉が多く使われている。この「業」に対応する英語がない。日本語の「業」自体に定義はない。しかし、法令用語としての「業務」あるいは「業務上」という言葉は頻繁に使われている。有斐閣『法律用語辞典[6]』によると「業とする」の意味は「一定の目的をもって同種の行為を反復継続して行うこ

---

6)　法令用語研究会編『法律用語辞典〔第 5 版〕』（有斐閣、2020 年）238 頁

と」とあり、「業務」は「社会生活上、反復継続して行われる事務又は事業。利益を伴うかどうかを問わない」とある。「〜業者」はこれらの「業」を行う者の意味であろう。非常に広い概念であり、だから「〜業」「〜業者」という言葉も法律文書の中で多数使われている。英訳で問題になったのは「金融取引業」と「金融取引業者」の訳語である。「金融取引業」については financial instruments business で問題はなかろう。この場合はよいが、後述のように何にでも "… business" を付ければ「〜業」になるというものではなく、英訳には苦労する言葉である。「金融商品取引業者」の英訳語は難しい。日本語ネイティブの間では、訳語として financial instruments business operator を推す声も大きかったし、既に官庁では頻繁にこの訳語が使われていた。しかし、business operator という言葉については、英語ネイティブから強い違和感があるという意見が圧倒的であった。私も、yahoo.com のホームページ[7]で business operator を検索してみた。この yahoo.com のホームページの検索は、和製英語がヒットしないようにして特定の言葉がどのような意味を持つか、また、英語圏で実際にどのように使われているかを調べる場合に便利である。yahoo.co.jp のような日本の検索サイトであると、和製英語や和製英語の慣用形がどっと出てきてしまうことがあり、英語ネイティブが問題の英語単語又はフレーズをどのように使っているかを調べる目的には不向きである。yahoo.com で検索したところ operator の言葉はコンテクストにより実に様々な使われ方があり「業者」の訳語として operator を使うことは適切ではないことが分かった。あるサイトには「business operator 求む」という求人

---

7)　https://www.yahoo.com/

広告があったので、内容を見てみると、フォークリフトの運転手
の求人であった。operator には、何かの機械を運転する人のニュ
アンスがあるようである。しかし、日本では金融商品取引業者の
訳語として financial instrument business operator の訳語が定着
してしまっている様子なので、この現実を無視するわけにはいか
ない。結局 JLT の標準対訳辞書では；

　金融商品取引業者（きんゆうしょうひんとりひきぎょうしゃ）
　financial instruments business operator
　【注】「financial instruments business operator」は、これは
　FIBO と略記されることもあるが、金融商品取引法で定義さ
　れた法令用語「金融商品取引業者」に対する日本ではある程
　度定着した訳語である。それは実際には、証券会社や投資助
　言、投資運用などを営む会社を意味する。しかし、operator
　は英語では通常は機械設備の操作人を意味し、ビジネスでは
　tour operator など限定的にしか使われないことから、この
　訳語は英語ネイティブには多少違和感があるようである。そ
　の点を考慮するなら、「financial services provider」という訳
　語が、英語ネイティブにはより抵抗が少ないだろう。

　【Note】"Financial instruments business operator,"
　occasionally abbreviated as FIBO, is customarily used in
　Japan as a translation for the Japanese legal term " 金融商品
　取引業者 " defined in the Financial Instruments and Exchange
　Act. The term actually indicates firms such as securities
　corporations, and companies conducting investment advisory
　and investment management. However, this translation

sounds unnatural to English speakers, since "operator" usually means a person who operates machinery and equipment, or some limited occupations such as "tour operator" in the business scene. Considering actual usage among English speakers, "financial services provider" would be a more appropriate translation for this term.

　日本語では、普通名詞に「業」あるいは「業者」をつけると、それぞれその名詞が表す商品の取扱業及びその業を行う者の意味になる。英語では、事業名はそれぞれの業種によって異なる。たとえば、次のとおりである。

金融商品仲介業　　financial instruments intermediary
金融商品仲介業者　financial instruments intermediary service
建設業　　　　construction industry; construction business
製造業　　　　manufacturing business
運輸業　　　　transportation business
航空運送業　air carrier
鉱業　　　　　mining, mining industry
小売業　　　　retail; retail business
サービス業　service industry; service sector

事業者　　　　JLT 標準対訳辞書では次の例が示されている；
　　　　　　　　【注】文脈に応じて、下記用例に準じて訳す。
　　company:
　　　　　　【例】鉄道事業者 railway company
　　　　　　【例】一般電力事業者 general power company

　　　　【例】（公害防止事業費事業者負担法における）事
　　　　　　　業者 industrial company
　provider:
　　　　【例】有線テレビジョン放送事業者 cable TV
　　　　　　　provider
　　　　【例】タクシー事業者 taxi service provider
　carrier:
　　　　【例】電気通信事業者 telecommunications carrier
　　　　【例】貨物自動車運送業者 cargo truck carrier
　employer:〔労働者に対する関係での事業者〕
　contractor:
　　　　【例】下請事業者 subcontractor:
　enterprise:
　　　　【例】親事業者（下請中小企業振興法）large
　　　　　　　procuring enterprise:
　　　　【例】小規模事業者 small enterprise
　firm:
　business:
　　　　【例】法人たる事業者 person doing business as a
　　　　　　　corporation
（注）その他の例として、事業者団体（独占禁止法）trade
association、元方事業者（労働安全衛生法）beneficiary of
third party services がある。

6 「委託する」「委嘱する」

「委託する」「委嘱する」は通常の日本語なら単に「依頼する」というべきところ、重みをつけるためわざと難しい言葉を使っているようである。民法第 643 条では、「委託する」を次のように使っている。

> 第六百四十三条　委任は、当事者の一方が法律行為をすることを相手方に委託し、相手方がこれを承諾することによって、その効力を生ずる。

> Article 643　A mandate becomes effective when a first party <u>asks</u> a second party with performing a juridical act, and the second party accepts this.

この訳では、「委託する」を ask と単純な英語に翻訳している。以前は、「委託する」は「依頼する」より形式張った言葉であるからそのニュアンスを出そうと、entrust とか、delegate とか、mandate とか commission とか英語でも難しい言葉を使っていた。意味の伝達が目的の日本の法律文の英訳は文学の翻訳とは異なり、原文の日本語が裃を着ていばっているからといって英語の訳語にもタキシードを着せる必要はない。最近の標準対訳辞書では、「委託する」の訳語として request, ask という平明な英語が訳語として追加された [8]。

---

8)　(1) commission, (2) entrustment, (3) delegation

7　「確定日付」

　原文の日本語に引きずられて、誤解を生むような訳語を当てはめてはならない。前述のように「逐語訳」は誤訳や意味不明訳の温床である。原文の文字面にとらわれず、意味を訳すようにすることが重要である[9]。法律用語を翻訳する必要が生じた場合に、まずその法律用語の正確な意味を法律用語辞典や法令用語辞典で確かめる。次にその意味を英語ネイティブに英語で伝えるためにはどう表現したらよいか、を日本語の文言を一度忘れて原文が何を伝えようとしているかということから考えることが重要である[10]。例えば「確定日付」という言葉がある。文字を素直に訳せばfixed date である。しかし、英語ネイティブが fixed date と聞いて何と理解するだろうか。おそらく、それまで決まっていなかった日取りが確定的に決まった場合にその決まった日、という意味に取るだろう。しかし「確定日付」の実際のほとんどの場合は、公正証書の日付、登記所又は公証人の日付のある印章による日付、

---

9)　長部三郎『伝わる英語表現法』（岩波新書、2001 年）6 頁以下参照
10)　宮脇孝雄『翻訳地獄へようこそ〔電子書籍版〕』（アルク、2018 年）位置 No.1455-74/2064 に "You certainly have a way with the young ladies, I envy you," he said, in the dialect of Kyoto. の I envy you, を和訳する例が示されている。これを「『うらやましいもんですわ』と訳しても京都弁にならないのだそうである。これは案外、翻訳というものの本質を衝いた話ではないかと思うが、こういうときには、『私はあなたがうらやましい』を京都弁ではどういうか、という発想ではなく、誰かをうらやましいと思ったとき、京都の人はそのうらやましさをどんな言葉で表現するか、という観点に立って考えなければならないのである」。著者の宮脇の知人によればこれは「あやかりたいもんですわ」になるのだそうである。

内容証明郵便の日付である[11]。そうなら、certified date と訳した方が実態に即しており、英語ネイティブには理解しやすい。

8 「債務名義」

　「債務名義」の英訳も同じである。日本語の文字面を直訳すると、name of obligation になる。しかし、これでは英語ネイティブには意味内容が想像できない。債務名義に対応するドイツ語は Schuldtitel である。ドイツ語の Schuld は債を意味する。Titel には、権原とか権利証書とかの意味がある。そもそもドイツ語の Schuldtitel を「債務名義」と和訳したことは「誤訳とまではいえないものの（略）、債務証明書などと訳したほうが（略）理解がしやすいものと思われる」と松原孝明大東文化大学教授は述べている[12]。JLT では title of obligation と訳している。英語の title には『研究社新英和大辞典』によれば「財産的権利」「権原」「（不動産の）権利証書」という意味がある。

9 不思議な日本の法律用語の「債権」

　日本の法律学術用語の大多数は、ドイツあるいはフランスから来ている。だから古典的な日本の法律用語には、ドイツ語あるいはフランス語に対応する言葉があることが多い。大きな例外が「債権」という言葉である。日本法の中でこれほど重要で昔

---

11)　民法施行法（明治 31 年法律第 11 号）第 5 条第 1 項は 6 種類の確定日付を示している。

12)　松原孝明「法律用語の誤訳（？）について」LAWBOOKS、No.064 （502）（DH 国際書房、2018 年）裏表紙エッセイ

から存在している基礎的法概念にもかかわらず、これには、ドイツ語にも、フランス語にも対応概念がない。JLT は、「債権」の英訳語として (1) claim, (2)（account）receivable, (3) credit, (4) right in personam と 4 つの訳語を並べている。ドイツ語やフランス語では「債務（ドイツ語は Schuld 又は Obligation, フランス語は obligation)」とは言うが「債権」に対応する概念はない。平成 29 年の日本の民法改正は、「債権法改正」とも言われた。ドイツやフランスなら Schuldrecht あるいは Obligationenrecht（いずれもドイツ語で、直訳すれば債務法）の改正あるいは Droit des obligations（フランス語で「債務法」、中田裕康教授は「債権債務関係法」と訳している [13]) の改正と言われるものである。「債権」という言葉は、明治時代に作られた言葉であるが、その由来の詳細はよく分からない。古田裕清教授によると「実は、『債権』と『債務』は、明治時代に、仏語 obligation と独語 Schuld を文脈に応じて訳し分けるために新造された語である。独仏語の祖語はローマ法用語 obligatio で、やはり債権と債務のいずれをも表現する」[14] 明治の先人達は、Schuld と obligation を、権利を持つ場合の関係と義務を負担する場合の関係に峻別して訳し分けないと

---

13)　中田裕康『債権総論〔第 4 版〕』（岩波書店、2020 年）20 頁。法令用語研究会編『法律用語辞典〔第 5 版〕』（有斐閣、2020 年）では「債務」は「特定人（債務者）が他の特定人（債権者）に対して一定の行為（給付）をすることを内容とする義務」とある。フランスの法律辞典の Lexique de Termes Juridiques 2022-2023 の Obligation の語の説明では Au sens étroit, lien de droit entre deuxpersonnes par lequel l'une, *débiteur*, est tenue d'une une prestation vis-avis de l'autre, le créancier..（狭義では、2 人の人の間の権利の関係であり、この関係により一方の債権者は、他方の債務者に対して給付を要求することが出来る。柏木訳)。このように日本語の「債務」は「義務」であるのに対し、フランス語の obligation は人の「関係 lien」である。

落ち着かなかったため、権利を持つ場合のために「債権」という言葉を造語したのであろうか。

　JLT は「債権者」を(1) obligee, (2) creditor と訳している。「倒産法」は英語で debtor-creditor law ともいう。倒産法関連や債権回収法の関係では、「債権者」の英語は必ず creditor であり、これに対する「債務者」の英語は必ず debtor である。金銭債権以外に、他人に一定の行為をすることを要求する権利というような抽象的概念は英語にはないから、その意味での「債権者」は obligee と訳すしかないだろう。この場合の債務者は obligor となる。JLT による民法第 415 条の英訳文は次のとおりである。

Article 415 　(1)　If an obligor fails to perform consistent with the purpose of the obligation or the performance of an obligation is impossible, the obligee may claim compensation for loss or damage arising from the failure; provided, however, that this does not apply if the failure to perform the obligation is due to grounds not attributable to the obligor in light of the contract or other sources of obligation and the common sense in the transaction.

---

14)　古田裕清『源流からたどる翻訳法令用語の来歴』(中央大学出版部、2015 年)、古田裕清『翻訳語としての日本の法律用語──原語の背景と欧州的人間観の探求』(中央大学出版部、2004 年) 1 頁、中田裕康『債権総論〔第 4 版〕』(岩波書店、2020 年) 20 頁のコラム「◆債権と債務」が参考になる。

10　「危険負担」

　JLT の対訳辞書の「危険負担」の項をみると、bearing of risk と出ている。しかし、そんな表現が英法の物品売買法の参考書にあっただろうか。日本語ネイティブとしてはこの訳語に英語としての不自然さは感じない。しかし、英米の物品売買法の参考書には、そのような表現は見当たらないような気がした。この訳語を決めた当時の日本法令外国語訳推進会議の座長はたぶん私だったから、訳語が不適切だとしたら、私の責任である。早速 OCR を掛けた Atiyah & Adams' *Sale of Goods*[15] で "burden" を検索すると、ヒットする語のほとんどは burden of proof の burden である。burden of risk はヒットしない。リスクの移転時期が大きな問題となることの多い海上売買に関する著名な参考書の通称 Schimitthoff's Export Trade[16] でも、burden of risk は出てこない。burden of proof の類いはヒットするが、burden of risk の表現はない。以下、列挙は省略するが、英米の売買法の参考書では、burden of risk の表現は見つからない。

　おそらくは risk の中に「負担」のニュアンスが込められているのであろう。負担しない risk は risk ではないから、burden of risk は「馬から落馬した」に近い重複があるのかもしれない。

---

15)　Christian Twigg-Flesner, Rick Canavan and Hector MacQueen, Atiyah & Adams' *Sale of Goods,13th ed.*, Pearson.（2016）
16)　Carole Murray, David Holloway and Daren Timson-Hunt, Schmitthoff *The Law and Practice of International Trade, 12th ed.*, Sweet & Maxwell.（2012）（旧版書名は *Schmitthoff's Export Trade*）

risk で検索を掛けると passing of risk などの表現がヒットする。risk に随伴する動詞は take, place, pass, transfer, bear, 前置詞は risk on, risk of（exchange）、その他の用例としては be at one's risk, allocation of, である。なお、民法では「危険負担」の語は、民法第 536 条の見出しと附則（平成 29 年 6 月 2 日法律第 44 号）の第 30 条[17]にしか出てこない。しかし、法学の文献では「危険負担」の語は頻繁に出てくる。法令ばかりではなく、一般の法律文書を英訳しようとする人のために、標準対訳辞書の掲載を継続する意味はあろう。しかしその場合でも、次のような説明を加えた方が親切であろう。

Burden of risk という英語表現は、英語の法律参考書には見当たらない。おそらく、risk の中に当然に「負担」のニュアンスが込められているからであろう。そこで、「危険負担」を含む文章を英訳する場合も、文脈に応じて特に「負担」の訳にこだわることなく訳すことで自然な訳が生まれる。無難で「危険負担」に近い英語なら allocation of risk ではなかろうか。危険（risk）は次のような動詞を伴う（colocate）ので、動詞に工夫を凝らすことで "burden of" を使わないですむ。risk に随伴する動詞、take, place, pass, transfer, bear、前置詞は、risk on, risk of。その他の参考表現として be at one's risk, allocation of risk がある。

---

17) （契約の効力に関する経過措置）
第三十条　施行日前に締結された契約に係る同時履行の抗弁及び<u>危険負担</u>については、なお従前の例による。

11　「又は」が and になる場合

　「又は」の英訳語は or であり、「及び」の訳語は and である。中学1年生でも知っている。しかし、常にそうかというと、日本語と英語の発想の違いからそうならない場合がある。日本語の「及び」「又は」と英語の "and" "or" は微妙に異なる。「又は」が and になるのは、「又は」が and／or の意味を持つ場合が典型である。日本の法令では、and／or の意味の「又は」の場合には原則として「又は」を使う[18]。しかし、このような場合には英語では and を使用する方が自然なことが多い。「又は」は和英辞典では or であり、and の訳語は出てこない。受験英語の和文英訳なら or と訳すべきであろうが、意味を分かりやすく伝える目的からは、それが自然な英語になるなら躊躇なく and と訳すべきであろう。ほかにも、「又は」を英語では and と訳した方がいい場合がある。

　銀行法第10条第4項
　4　第二項第二号又は第十二号の「有価証券関連デリバティブ取引」又は「書面取次ぎ行為」とは、それぞれ金融商品取引法（昭和二十三年法律第二十五号）第二十八条第八項第六号（通則）に規定する有価証券関連デリバティブ取引又は同法第三十三条第二項（金融機関の有価証券関連業の禁止等）に規定する書面取次ぎ行為をいう。
The terms "Transaction of Securities-Related Derivatives"

---

18)　林修三『法令用語の常識』（日本評論社、1958年）26頁

and "Brokerage with Written Orders" as used in paragraph
(2), items (ii) and (xii)[19] mean the Transaction of Securities-
Related Derivatives defined in Article 28, paragraph (8), item
(vi) (Definitions) of the Financial Instruments and Exchange
Act (Act No. 25 of 1948) and the brokerage with written
orders provided for in Article 33, paragraph (2) (Prohibition on
Engagement in Securities Services by Financial Institutions) of
that Act.

12 「処分」

　「処分」にはいろいろな意味がある。『法令用語辞典[20]』によ
れば、私法上は、(1)財産権の移転その他財産権について変動を与
えること、(2)財産の現状、性質等に消費、廃棄その他事実上の変
更を加えること、(3)財産状況の報告、管理の計算等管理行為を含
んだ意味、である。会社で上司から「この古い書類を処分してく
れ」と言われれば、この場合の処分は廃棄の意味である。財産権
の処分であれば、廃棄、売却、担保に入れる、等の意味になる。

　また、「処分」は行政法上の重要概念であり、その意味は「行
政機関が具体的事実に関し法律に基づき権利を設定し、義務を課
し、その他法律上の効果を発生させる行為」を意味する[21]。訴
訟法上の「処分」は、『法令用語事典』によれば、「訴訟指揮のた

---

19)　ここに respectively を入れるべきであろう。
20)　角田禮次郎ほか編『法令用語辞典〔第10次改訂版〕』（学陽書房、
　　2016年）「処分」の項
21)　前掲注13、有斐閣『法律用語辞典』の「処分」の説明

めの裁判所、裁判長、受命裁判官及び裁判所事務官の行為」を言うのに用いられている。

　上記の多様な「処分」をdispositionと訳すと違和感が生ずるケースが出てくる。したがって、英語ネイティブにはdispositionの訳語は評判が悪い。しかし、それ以外の選択肢も思い当たらない。また、前後関係で訳語を変えることも、訳語が多くなり過ぎて難しい。行政法上の意味での「処分」は確立した学問上の用語であり、多少、不自然さは残るにしてもdisposition一本槍で通した方がよさそうである。DCFRでは、私法上の「処分」に相当する言葉としてdispositionを使っている[22]。「処分」に対応するドイツ語はVerfügungである。第5章4に前述の「独英法律経済用語辞典[23]」によるとVerfügungの英訳語としてI, direction、order、decision、instructions、II,disposal、disposition、transfer、transaction、と出ている（例句引用略）。この中では、やはりdispositionが最も収まりのよい訳語であろう。

　　行政不服審査法第1条第2項
　　2　行政庁の処分その他公権力の行使に当たる行為（以下単に「処分」という。）に関する不服申立てについては、他の法律に特別の定めがある場合を除くほか、この法律の定めるところによる。

---

22)　DCFR Outline editionにOCRを掛けて、dispositionの使用例を調べたが、英語として違和感のある使用例は見つからなかった。
23)　Romain/Byrd/Thiefecke, *Wörterbuch der Rechts-und Wirtschaftssprache, 4 Auflage 2 deutsch-english（Dictionary of Legal and Commercial Terms, 4th ed., german-english）* C.H. Beck.（2002）

⑵　Any complaints regarding administrative dispositions or other acts constituting the exercise of public authority by administrative agencies（hereinafter simply referred to as "dispositions"）should be filed as provided for in this Act, except as otherwise provided for in any other Act.

13　「端数」

　法令中には「〜の規定により計算した課徴金の額に一万円未満の端数があるときは、その端数は、切り捨てる」というような規定がよく見られるところである（例えば、私的独占の禁止及び公正取引の確保に関する法律第7条の8第2項）。この「端数」をどう英訳するか。英文契約書の作成に慣れた人なら「簡単だ。"fraction"だ。だから『一万円未満の端数』の英訳は"a fraction less than Yen 10,000."だ」というかもしれない。しかし、ことはそう簡単ではない。*Oxford Dictionary of English* で "fraction" を引いてみると：noun 1 a numerical quantity that is not a whole number（e.g. 1／2, 0.5）（以下略）と出ている。つまり、単位に満たない数量ということであり、50銭は1円の fraction だが、5,000円は上の条文に規定する「端数」であっても "fraction" ではない。1円未満あるいはa／b円（a<b）が fraction である。だから "a fraction less than Yen 10,000." は、英語ネイティブにとっては奇妙な表現ということになる。Administrative monetary penalties less than Yen 10,000 calculated pursuant to the provisions of …… are to be rounded down to the nearest Yen 10,000. という英訳になろう[24]。これも、英和辞典の訳語を丸暗

記して、英作文に利用したときに陥る罠の一つである。

14　「名義貸し」

　「名義貸し」は、英語の適訳が見つからない単語の一つである。この場合の「名義」は有斐閣『法律用語辞典　第5版』によれば「ある行為について、その行為主体として表明される氏名又は名称をいう（以下略）」とある。英訳すれば name 以外にはないだろう。逐語訳すれば name lending であるが、典型的な和製英語になってしまう。Yahoo.com で name lending を検索してもヒットしない。研究社『CD-ROM　新和英大辞典〔第5版〕(2004年)』では、「名義貸し」の訳語として name lending が掲載されている。英語ネイティブに通じるかどうか疑問はあるが、実態に近い意味を想像してくれるのではなかろうか。そこには letting somebody use one's name という訳も掲載されているが、これは説明文であり、法律用語の訳語としては長過ぎる。　研究社の『新英和大辞典〔第5版〕』の紙版では、「名義貸し」の訳語は nominal transfer となっている。"nominal transfer" は *Black's Law Dictionary* には出ていない。Yahoo USA で検索すると次のような説明が出ている。それ以外の説明は見当たらない。"Nominal Transfer" means the transfer of unlisted public securities between a Transferor and Transferee who are related or connected parties with no exchange of money or consideration for the transfer. "Nominal Transfer" とは、非上場流通性公債の

---

24)　法務省大臣官房司法法制部「法令翻訳の手引き」23頁、第33項参照
　　http://www.japaneselawtranslation.go.jp/ja/infos/download/1

「相互に関係する譲渡人から譲受人に対する非上場株式の譲渡で」、金銭あるいは譲渡に対する対価の授受を伴わないものを言う（柏木訳）。全米証券業者協会（NASD）の Nominal Transfer に関する規則に、この "Nominal Transfer" の定義が規定されている。「名義貸し」とは意味が大分異なる。

15　「時効」

「時効」は通常英語では statute of limitation 又は prescription と訳されるが、消滅時効と取得時効では英語が異なる。消滅時効は、コモンローでは訴権の期間制限の意味であり statute of limitation という。『英米法辞典[25]』では statute of limitation を「出訴期限法；出訴期限；（コモン・ロー上の）消滅時効　英米法では、時効について取得時効と消滅時効とを区別し、消滅時効は、訴権の消滅という構成をとる。（以下略）」と説明している。

　また、同じく『英米法辞典』では prescription は「取得時効　長期の時間的経過による権利の取得。（略）通例は easement（地役権）、profit à prendre（採取権）、common（入会権）などの incorporeal hereditaments（無体法定相続権）を長期かつ中断のない一定の事実状態の継続によって取得することをいう。（略）ルイジアナ州法では、消滅時効を含む上位概念としてこの言葉が用いられる。（以下略）」と出ている。このようにコモンロー地域ではルイジアナ州を除き、消滅時効と取得時効をまとめた上位概念としての「時効」に対応する言葉はない。フランス法の流れを

---

25)　田中英夫編『英米法辞典』（東京大学出版会、1991 年）

酌む民法を持つルイジアナ州法では、この上位概念としての「時効」に prescription の語を当てているが、明らかに大陸法のフランス法の影響であろう。DCFR では、逆に prescription を「消滅時効」の意味に使っており、「取得時効」は「占有の継続による所有権の取得（acquisition of ownership by continuous possession）」と長たらしい表現を使っている。DCFR 第Ⅲ編第 7 章の見出しは「消滅時効（prescription）」である。しかし、取得時効と切り離された消滅時効だけに英訳語として prescription を使うことは、英語の prescription／statute of limitation の用法には合わないから、英語ネイティブに混乱を生じさせるであろう。

DCFR 第Ⅷ編「物品所有権の得喪」第 4 章の見出しは上述の「占有の継続による所有権の取得」であり、第Ⅷ編第 4 章第 1 節の見出しは「占有の継続による所有権の取得の要件（Requirements for acquisition of ownership by continuous possession）」となっている。日本語の法律文書の英訳において、「取得時効」にこのような長い訳語を当てることは実際的ではないので、DCFR の取得時効の英語表現は参考にはできない。

ちなみに、フランス語では取得時効は prescription acquisitive（acquiring prescription 又は「取得的時効」）であり、消滅時効は prescription extinctive（extinguishing prescription 又は「消滅的時効」）であるから、日本語の、取得時効と消滅時効をひっくるめた概念としての「時効」は prescription と訳せば、フランス語やルイジアナ州法を知っている英語人にとって日本語の「時効」に近い概念を思い浮かべてくれるだろう。

ついでであるが、平成29年改正前の民法では「時効の中断」という概念があった。改正債権法では時効の「完成猶予」と「更新」に分けられ、「時効の中断」という言葉はなくなった。そもそも「時効の中断」という言葉が誤解を生みやすい。少々の雨で野球の試合の「中断」がアナウンスされても、観客は試合の再開を期待するから誰も帰らない。この意味の「中断」はinterruptionである。「時効の中断」を直訳するならinterruption of prescriptionとなるだろう。しかし、法律上は、「時効の中断」は、それまでの期間の進行が無に帰して新しく時効期間が再開始することをいうからinterruptionではなくrenewalである。標準対訳辞書でも「時効の中断」の訳語はrenewalになっている。その後、民法の改正で「時効の更新」という用語が新しく規定され、一定の事由が発生した場合に新たにそこから時効が再び進行することを意味することになった。債権法改正後の「時効の更新」も逐語訳すればrenewal of prescriptionとなる。時効の「中断」も「更新」も、訳語はrenewalのままでよいことになる。

16　「当分の間」

　「当分の間」をfor the time beingと訳すと大変曖昧である[26]。『法令用語辞典[27]』によると、この期間は「将来別に立法上の措

---

26)　ある日のNew York Timesの記事に、「日本のサラリーマンは、グループでレストランに行ったときにFor the time being "Beer."といってビールを飲む、という記事が出ていた。「とりあえずビール」とFor the time being "Beer."とではニュアンスが少し異なる。法令用語の「当分の間」とは、さらに意味が離れる。

27)　角田ほか・前掲注20

164

置がとられるまでは、いつまでも続くものと解すべきである」とされている。また、その趣旨の最高裁判所裁判例も引用されている。それなら、until otherwise provided for by law と訳した方が明確であり、読者の理解を助けることになる。日本語の「当分の間」という法令用語も「法令上別段の規定がなされるまで」と改めるべきである。

第9章

翻訳論又は翻訳学

1 日本語を英語に翻訳する場合には役に立たない欧米の翻訳論

欧米では、20世紀後半から翻訳論又は翻訳学（translation studies）が非常に盛んになった。以下単に「翻訳論」というが、翻訳論は新しい学問である。欧米では、法律分野に絞った翻訳論の研究も盛んである。例えば、Deborah Cao, *Translating Law*, Multilingual Matters Ltd.（2007）[1]の巻末には20頁にわたって法律翻訳の参考文献が紹介されている。Suzan Šarčević[2]の巻末には、英語文献を中心に18頁にわたって法律翻訳を中心に参考文献が掲げてある[3]。英語以外のヨーロッパ諸国語の法律文書翻訳に関する文献については Claude Bocquet, *La traduction juridique – Fondement et méthode*, de boeck（2008）（クロード・ボク『法の翻訳——基礎理論と方法論』）の巻末にも、主としてフランス語文献を中心にドイツ語文献、英語文献が6頁にわたって掲載されている[4]。最新の文献表は、Jeremy Munday 5th[5] ed., の269頁

1) Deborah Cao, *Translating Law*, Multilingual Matters Ltd., （2007）
2) Susan Šarčević, *New Approach To Legal Translation*, Kluwer Law International.（1997）, at16
3) フランス語文献、ドイツ語文献、イタリア語文献、クロアチア語（?）文献を含む；北村一郎東大名誉教授のフランス語論文も文献目録に含まれている。
4) 2008年時点で、スペイン語文献は1400になるという。Claude Bockquct, *La traduction juridique – Fondement et méthode*, de boeck.（2008）6
5) Jeremy Munday, Sara Ramos Pinto and Jacob Blakesley, *Introducing Translation Studies, Theories and Applications, 5th ed.*, Routledge.（2022）,（以下、本書を「Jeremy Munday 5th ed.」と引用する）

から 289 頁までの文献表である。ほとんどが英語文献であるから、これに大陸諸国の言語による文献を加えると膨大なものになる。

　柳父章は、欧米の翻訳論について次のように説明している。彼は、日本の翻訳論の論文が少ないことを指摘した後で、「これと対比して、ヨーロッパ、アメリカでは、翻訳学ともいうべき Translation Studies が盛んに論じられている。大学でその研究学科などができ、学会が立ち上げられるようになったのは 20 世紀後半からだが、その源を辿ると、ギリシャ古典のラテン語への翻訳を問題にした 2000 年くらい前から翻訳についての議論が始まっていた。ローマ時代には、ローマ人がギリシャ文明を尊び、ギリシャ語からラテン語への翻訳が直訳に傾きがちだったのを批判したキケロ Marcus Tullius Cicero（前 106 − 前 43）の翻訳論があった。やがてヒエロニムス Hieronymus（340 頃 − 420 頃）はギリシャ語の聖書をラテン語に翻訳するが、そのとき、直訳を排して、スタイルを重視する翻訳論を説いていた。優れた翻訳者は、また翻訳理論家であることも多い。16 世紀にキリスト教聖書を近代ドイツ語に翻訳して、プロテスタント・キリスト教の新しい時代を開いたルター M. Luther（1483 − 1546）も、自らのドイツ語訳聖書について、翻訳が母語として表現されていると自信を持って語っていた [6]」「欧米で翻訳論が盛んである背景には、まずキリスト教の影響がある、と私は考えている」。

---

6)　柳父章＝水野的＝長沼美香子『日本の翻訳論　アンソロジーと解題』（法政大学出版局、2010 年）19 頁

日本でも翻訳に関する参考書が多数出版されているが、それら
が必ず欧米の翻訳学に言及しているかというとそうではなく、む
しろ逆に日本の翻訳論のほとんどが欧米の翻訳論を無視あるいは
軽視してきたように思われる。その原因は、私の想像であるが、
現在の欧米の翻訳論の欠陥にありそうである。欧米の翻訳論の欠
陥の第一は、言葉の定義をしないで議論をしているから、議論が
かみ合わない。「等価（Equivalence）」がよい例である。「逐語訳
（word to word translation, literal translation）」か「意訳（sense for
sense translation, free translation）」か、の論争も、逐語訳と意訳の
定義をせずに議論しているから、議論がかみ合わない。ただし、
「逐語訳」対「意訳」の論争に関しては日本でも定義なしで議論
している。議論が好き嫌いの論争になってしまっている。第二に
主張の根拠が客観的（間主観的）な根拠が示されることが少なく、
主張者の主観と好みのぶつけあいになっている。第三に、「翻訳」
の分析例のほとんどがヨーロッパ諸国語に属する言語間の翻訳を
例にしている。したがって、そこから抽出した理論は、日本語と
西欧語間の翻訳にはピタリと当てはまらないことが多い。この
ことは、Jeremy Munday によっても指摘されるに至った。彼は、
次のように述べている。「翻訳論の多くの理論は、最近に至るま
で西洋の視点から書かれてきており、その起源を古典ギリシャ語
とラテン語の学習と聖書の翻訳に見ることができる。それに対し
て、マリア・ティモチェコは、他の文化における適応を示唆する
ような『翻訳』を意味する異なった言葉や隠喩を論じている。そ
こでは、オリジナルに対する語彙上の忠実さは、聖典や文学の
翻訳においてもそれほど共有されていない[7]」。佐藤＝ロスベア

---

7)　Jeremy Munday 5th ed.,10（柏木訳）

グ・ナナは以前から同趣旨の主張をしている[8]。

　また、法律の翻訳論に関してはローマ法の翻訳を無意識の内に
翻訳論の基礎に置いていたことが原典至上主義の逐語訳礼賛傾向
を生み出したのではなかろうか。法律の翻訳論は欧米では多く出
版されているが、特に Claude Bockquet, *La traduction juridique
– Fondement et méthode*, de boeck（2008）の翻訳論などは、その
かなりの部分をドイツ語、フランス語、イタリア語の法律条文の
構文の比較に費やしており、日本語ネイティブの読者にとっては
実につまらない。日本語ネイティブの目から見れば、津軽弁で書
かれた青森県条例と、南部弁で書かれた岩手県条例と、秋田弁で
書かれた秋田県条例を比較して翻訳論を論じているかのようであ
る。要するに、一般理論（general theory）になっていない[9]。

　日本語の特殊性を踏まえて翻訳理論を最も簡潔かつ的確に解説
した論文は、成田一「翻訳論の歴史」である[10]。短い論文だが、

---

8)　佐藤＝ロスベアグ・ナナ編『トランスレーション・スタディーズ』
　（みすず書房、2011 年）の序で佐藤＝ロスベアグ・ナナは次のように
　言っている（iii 頁）。「しかし、西欧起源の TS（柏木注：Translation
　Studies）の理論や手法は主に西欧言語間における翻訳の問題を基準に
　考えられており、そのような理論や手法をそのまま日本の文脈に移植す
　ることは、若林ジュディも指摘しているように、危険な行為でもある
　（略）」同書 271 頁以下の、若林ジュディによる「日本におけるトラン
　スレーション・スタディーズの位置づけ」もお読みいただきたい。日本
　の翻訳者が、短兵急に欧米の翻訳論を直輸入しないのは、本能的にこの
　「危険な行為」であることを感じ取り、逡巡しているからではなかろう
　か。私自身、欧米の翻訳論を読む度に居心地の悪さを感じている。
9)　Jeremy Munday 5th ed., 136 も、少なくとも「会話及び原語使用域分
　析手法」（Discourse and Register analysis approaches）についてこのこ
　とを認めている。

翻訳学の問題と方向性を的確に解説している。

2　例外的に検討する価値のあるスコポス理論あるいは機能主義理論

　モナ・ベイカー＝ガブリエラ・サルダーニャ編、藤濤文子監修・編訳『翻訳研究のキーワード』は次のように述べている[11]。「翻訳研究は欧米で展開されてきた学問であるため、<u>欧米語間の翻訳を想定した理論の多くはそのまま日本語に当てはめることは難しい。</u>しかしこの機能主義的アプローチ、特にスコポス理論[12]は日本にも当てはまる理論である。」（下線、柏木追加）私もこの意見に賛成である。ジェレミー・マンデイ著、鳥飼玖美子他訳『翻訳学入門[13]』によると「スコポス（skopos）とはギリシャ語で『目標』『目的』を意味する」「翻訳行為は交渉[14]され遂行されるべきもので、そこには目的と結果がある（略）。スコポス理

---

10)　成田一「翻訳論の歴史」Japio Year Book 2018,

11)　モナ・ベイカー＝ガブリエラ・サルダーニャ編、藤濤文子監修・編訳、伊原紀子＝田辺希久子訳『翻訳研究のキーワード』（研究社、2013年）87 頁

12)　スコポス理論については、基本書であるカタリーナ・ライス＝ハンス・ヨーゼフ・フェアメーア著、藤濤文子監訳、伊原紀子＝田辺希久子訳『スコポス理論とテクストタイプ別翻訳理論──一般翻訳理論の基礎』（晃洋書房、2019 年）が出ている。私がスコポス理論に惹かれるのは、その理論が実践的であり、過度に概念的ではないからでもある。

13)　ジェレミー・マンデイ著、鳥飼玖美子監訳『翻訳学入門〔新装版〕』（みすず書房、2018 年）122 頁

14)　Pym やウンベルト・エーコは翻訳を交渉の一種と見ているようである。しかし、ハーバード流交渉術や Howard Raiffa, *The Art and Science of Negotiation*, The Belknap Press.（2000）等の交渉学で論じられているような「交渉」と「翻訳」とは全く別物である。

論では何よりもまず翻訳の目的に焦点を合わせる。翻訳の目的が翻訳の方法と方略を決定しそれらを採用した結果として機能的に適切な翻訳が産出されるのである。その結果が目標テクスト [15]となり、フェアメーアはこれを 'Translatum'（訳注略）と呼ぶ。したがってスコポス理論では，起点テクスト [16]が翻訳される理由や目標テクストの機能を知ることが、翻訳者にとって決定的となる」。翻訳先の言語に翻訳する目的が決定的に重要であることは当然である。

3　特に注目すべきクリスチアネ・ノード

機能主義的翻訳論の Christiane Nord, *Translating as a Purposeful Activity* は、面白くない西欧の翻訳論の中にあって例外的に面白い。クリスチアネ・ノードはマグデブルク応用科学大学の翻訳論及び特別コミュニケーション学科の名誉教授であり、実際に長年翻訳者の教育に携わってきた。この本では、著者の翻訳現場と翻訳教育現場での経験が生かされている。推薦する理由は、第一に、唯一まともな翻訳理論と私が考える機能主義（スコポス理論）によっている。第二に、出版が新しい [17]。新しいということは、翻訳理論においては、翻訳技術が日進月歩で発展している現在、大変に重要である。特に機械翻訳 [18]の技術がニューロン翻訳技術の出現によって最近飛躍的に向上し、新しい翻訳技術や翻訳作業の実際を翻訳理論に反映させる必要があるからであ

---

15)　翻訳先の原語によるテキスト。
16)　翻訳原文テキスト。
17)　新しいという面では、Jeremy Munday 5th ed. は 2022 年の出版であるから、翻訳理論の新しい傾向を知るには欠かせない本である。

る[19]。第三に、実際の翻訳に関する注意点について多数の例を示しながら多くの示唆を提供してくれている[20]。これはおそらく著者が、翻訳技術と翻訳論に関する大学での講義を通じて得た豊富な経験がこの本に取り込まれているからであろう。

この本も、収録された翻訳のサンプルは、ほとんど英語、ドイツ語、フランス語、スペイン語と西欧語が中心であるが、西欧語間の比較に閉じこもらずに、日本語から見ても納得できる例がほとんどであるので日英の翻訳に関しても、十分に参考になる。また、観念的抽象論が少なく実践的であることも評価できる。

私は、今後の日本の翻訳論の方向としては、クリスチアネ・ノードのような翻訳論と翻訳教授方法論（pedagogy）とを統合した研究を発展させることが翻訳大国日本にとって大切ではないか、と考える。

---

18) 機械翻訳については、瀧田寧＝西島佑編著『機械翻訳と未来社会──原語の壁はなくなるのか』（社会評論社、2019 年）が面白い。特に第 2 章第 3 節「トランスレーション・スタディーズと機械翻訳」が参考になる。

19) 瀧田ほか・前掲注 18、117 頁

20) 例えば、翻訳理論では、目標文化の嗜好や習慣に合わせるか、起点テキストに忠実に翻訳するかが議論となっている。目標文化に合わせた翻訳の一例として、不思議な国のアリスの登場人物の名前がアリスを除いてほとんど現地的な名に変えられている例があるのに驚いた。日本でエドモン・ロスタンのシラノ・ド・ベルジュラックを翻訳するときに、シラノの名前を白野弁十郎と訳すようなものであろう。日本では極めて例外的な翻訳（翻案）の仕方であるが、西洋では珍しいことではないらしい。Christiane Nord, *Translating as a Purposeful Activity: Functionalist Approaches Explained, 2nd ed.*, Routledge.（2018）Kindle版　位置　No.2054/3592

4　欧米の「翻訳論（Translation Studies）」全般を勉強してみたい人のために

西欧の翻訳論の全体図を眺めてみたいと思う人には；

⑴ Jeremy Munday 5th ed.[21]，がよい。大学の教科書として書かれただけに、翻訳論の全体像を把握するには便利である。それだけに解説は網羅的で、日本の大学の教科書もそうであるが、面白味に欠けるところがある。しかし、本書はごく最近の改訂を経ているので、翻訳論の最新の状況と欧米の翻訳論の現在を知りたい人にとっては必読の本である。第3版の和訳が出ている（ジェレミー・マンデイ著、鳥飼玖美子監訳『翻訳学入門〔新装版〕』（みすず書房、2018年）。しかし、翻訳の実際は日進月歩であるから、古い教科書を読むことは無駄骨を折ることになるからお勧めできない。

⑵ Anthony Pym, *Exploring Translation Theories, 2nd ed.*, Routledge（2014）も欧米の翻訳論の全体像を把握する目的ではよい本である。前掲の Jeremy Munday の教科書と同様に、2008年発行の初版の和訳がある。アンソニー・ピム著、武田珂代子訳『翻訳理論の探求〔新装版〕』（みすず書房、2020年）。Jeremy Munday に比べて Pym の個人的意見がより強く出ている。

21）　Jeremy Munday, *supra*, note 5

5　その他の欧米の翻訳論の参考書

⑴　英語で書かれた日英翻訳の参考書

　狭い意味での翻訳論あるいは翻訳学の参考書ではないが、日本語の文書を英語に翻訳するために非常に役に立つ本がある。Judy Wakabayashi, *Japanese-English Translation An Advanced Guide*, Routledge（2021）である。本書は、法律文書に限定されたものではなく、文学、その他の日本語文献一般の翻訳について、実際の翻訳で悩み、苦労する問題を取り上げている。例えば、日本人の好きなフレーズに「頑張る」という言葉がある。これは日本語自体が意味がはっきりしない反面、非常に情緒的インパクトが強いから日本人が大好きであり、乱発されている。このような曖昧で情緒的な言葉に単純に置き換えられるような英語はない。著者は、「がんばって！」の訳語として次のような表現を示唆している。Be good; Buck up!; Bon Courage!; Come on!; Do your best!; Don't give up; Don't work too hard; Fight the good fight!; Give it all you've got; Give it your best; Go for it!; Go! Go!; Hang in there!; Hang on（in）; I am rooting for you; Keep going!; Keep on Keeping on; Keep sluggin'; Keep up the good fight; Keep up your good work; Keep your chin up; Let's go!; Onward!; Shou'em your stuff!; Way to go!; You can do it!; You're doing great!; You've got this!

　このように本書は日本語を英語に翻訳してみて苦労した例が最初から最後まで詰まっている。日本語の文書の英訳で苦労した人が、本書を読むと数分ごとに「なるほど」と膝を打つであろう。

法律文書の英訳では、特に官庁用語の英訳の例が参考になる。例えば、「調整する」（同書 18 頁）は、官庁関係文書に頻出するが、意味内容はよく分からない。したがって場合に応じて意味を汲み取って英語に翻訳しなければならない。コンテクストに応じて訳し分ける、という作業は、翻訳では、はなはだ面倒な作業である。総じて、本書に収録された日本語の多くが意味が不明確でムードだけ先行している言葉が多い。それだけに、翻訳者にとっては大変参考になるだろう。

(2)　翻訳論に関する日本語の文献の主なもの

＊佐藤＝ロスベアグ・ナナ『学問としての翻訳――「季刊翻訳」「翻訳の世界」とその時代』（みすず書房、2020 年）

＊佐藤＝ロスベアグ・ナナ編『トランスレーション・スタディーズ』（みすず書房、2011 年）

＊河原清志『翻訳等価再考――翻訳の言語・社会・思想』（晃洋書房、2017 年）

＊カタリーナ・ライス＝ハンス・ヨーゼフ・フェアメーア著、藤濤文子監訳、伊原紀子＝田辺希久子訳『スコポス理論とテクストタイプ別翻訳理論――一般翻訳理論の基礎』（晃洋書房、2019 年）

＊モナ・ベイカー＝ガブリエラ・サルダーニャ編、藤濤文子監修・編訳、伊原紀子＝田辺希久子訳『翻訳研究のキーワード』（研究社、2013 年）（この本の英語版の新版が出ている。Mona Baker and Gabriela Saldanha ed., *Routledge Encyclopedia of Translation Studies, 3rd ed.*,（2020））

＊早川敦子『翻訳論とは何か ――翻訳が拓く新たな世紀』（彩流社、2013 年）

＊ミカエル・ウスティノフ著、服部雄一郎訳『翻訳——その歴史・理論・展望』（文庫クセジュ、2008 年）
＊滝田寧＝西島佑編著『機械翻訳と未来社会——言語の壁はなくなるのか』（社会評論社、2019 年）

法律文書の翻訳に関する英語の文献では次の 2 つが参考になる。

＊ Susan Šarčević, *New Approach to Legal Translation*, Kluwer Law Int'l.（1997）

　　Šarčević は、法律翻訳との関係でのローマ法の法律翻訳への影響の大きさについて詳しく説明している。日本法にはこのようなローマ法の言語的影響はないし、ラテン語の影響もないからこの辺の分析は日本語関連の翻訳理論としては役に立たない。

＊ Le Cheng, King Kui Sin and Anne Wagner ed., *The Ashgate Handbook of Legal Translation*, Ashgate.（2014）

　　この本の中で Janny HC Leung[22] は、西洋翻訳学における基本概念である「等価（等義）」について次のように述べている（柏木訳）。「目標テクストは、起点テクストと同じであるべきである。この単純で当然の前提とされることが多い条件は、疑問の余地のない明白な命題とは言えないが、それは

22）　Janny HC Leung, *Translation Equivalence as Legal Fiction*, Le Cheng, King Sui Sin and Anne Wagner ed., *The Ashgate Handbook of Legal Translation*, Routledge.（2014）57

多くの多言語法域国での言語政策の基本となっている。この命題には大きな問題が含まれている。それは『同一性』の概念に含まれる等価（等義）の意味の問題である」そのとおりである。

　同書の8頁から10頁にかけて、法律文書翻訳論の参考文献リストが掲載されている。ジェレミー・マンデイの翻訳学入門のような一般の翻訳論も紛れ込んでいるが、多くは法律文書の翻訳論に関する参考書である。

第10章

等価論の現在

ピムは「等価（等義）」が西洋の翻訳理論の特徴であると認めているようである。「いくつかのヨーロッパ原語で表現される『等価（等義）』という言葉は、20世紀の後半における西洋の（Western）翻訳論の特色である」[1]。

モナ・ベイカー＝ガブリエラ・サルダーニャ編『翻訳研究のキーワード』は次のように述べている[2]。「等価（等義）は翻訳理論の中心的概念である。しかし、等価（等義）概念をどのように扱うかについては立場が大きく分かれている。中には等価（等義）関係をもとにして翻訳を定義する研究者（略）もいれば、等価（等義）概念が翻訳研究にまったく無関係（略）、あるいは有害（略）だとして等価（等義）概念を否定する研究者もいる。また中立的な研究者もおり、モナ・ベイカーは等価（等義）概念を『理論的な価値があるというよりは、翻訳者が慣れ親しんでいるから便宜的に』使っているという（略）。このように等価（等義）に対しては、翻訳のための必要条件だとしたり、研究の発展を妨げるものとしたり、あるいは翻訳を記述するのに有用だとみなすなど、様々な見方がある」。

これだけ議論がまとまらない理論も珍しい。これではまともな学問的議論にならない。ましてや、翻訳という行為の本質を分析するには使い物にもならないし、よりよい翻訳を実践する場合の

1) Anthony Pym, *Exploring Translation Theories, 2ⁿᵈ ed.*, Routledge. (2014) 179頁中7頁目、位置No.5277中455
2) モナ・ベイカー＝ガブリエラ・サルダーニャ編、藤濤文子監修・編訳、伊原紀子＝田辺希久子訳『翻訳研究のキーワード』（研究社、2013年）53頁

参考にもならない[3]。主要な翻訳論者による「等価（等義）」の説明については Jeremy Munday, 5th ed., 49（Ch. 2, "Equivalence and equivalent effect"）あるいはジェレミー・マンデイ『翻訳学入門』57 頁以下を参照するとよい。

　翻訳論の論者によって定義あるいは分類説明はまちまちであるから、主要な翻訳論者の著書を読むときは、前述のように「等義」あるいは「近似」と読み替えて読むことをお勧めする。その方が理解しやすい。私は、「等価」を「近似」と読み替えて翻訳論を読むことにしている。もちろん、翻訳論者には「等価」と「近似」は異なると主張する者が多いが、少なくともかなり「近似」している。

　このモナ・ベイカー＝ガブリエラ・サルダーニャ編『翻訳研究のキーワード』の英語版は第 3 版[4]が 2020 年に出版されている。第 2 版には、「等価」（Equivalence）の見出しがあり、前述のように詳細な説明がなされている。しかし、この第 3 版からは等価の英語である Equivalence は見出し語から削除された。第 3 版のための序文[5]にはその理由が次のように説明されている。「（いくつかの重要単語が見出し語から削除されたことを説明した後に）『翻訳可能性』や『(聖書) 解釈学』のような中心的伝統的トピック

---

3)　Pym, *supra*, note 1, 179 頁中 37 頁目、位置 No.5277 中 1276、すべての翻訳は（誤訳でない限り）いずれかの意味で「等義（等価）」であると言えよう。（…where all translations manifest equivalence simply because they are assumed to be translations）

4)　Mona Baker and Gabriela Saldanha ed., *Routledge Encyclopedia of Translation Studies, 3rd ed.*, Routledge. (2020)

5)　Mona Baker and Gabriela Saldanha, *supra*, note 4, at xxv of 872

スのいくつかは見出し語として残したが、他の『等価』や『シフトと翻訳単位』のような単語は最近では限定的にしか学者の興味を引いていないように思われ、『ナラティブ』、『メモリー』、『コスモポリタン主義』及び『立場決め（positioning）』のような文献でますます言及されるようになってきたトピックに紙面を使うために犠牲にすることとした。」（柏木訳、下線柏木追加）

　私は「等価」概念が、翻訳という営為を分析するためにも、よい翻訳をするためにも、役に立たない概念であると考えるので、最近の学者の傾向に従い、これ以上の議論はしない。

第11章

結論

1 法律文書の翻訳の本質は意味の伝達である

　法律文書の翻訳の最重要目的は、原文で伝えようとしている意味を翻訳先の目標言語で原文を理解できない人に伝えることである。翻訳文の想定読者に意味が通じないような難解な訳文では「翻訳」の価値がない。原文が原語で読まれる環境の文化と、翻訳文が翻訳先の環境で読まれる文化は多くの場合に異なる。特に、ドイツ・フランスの大陸法を明治時代に継受した日本と、英語が支配原語であるコモンロー地域では、法文化は大きく異なる。日本語から英語への法文書の翻訳に当たっては、単語の英訳も、テキストの翻訳も、法文化の違いを考慮しないでは不可能である。単純な言葉の置き換え作業ではどうにもならないから、場合によっては訳文の補充や訳者注で、翻訳先の文化に染まった読者に説明する必要が出てくる。それでも、法文化の違いを説明することが翻訳の目的ではないから、補充も訳者注も説明には限界が出てくる。その限界の中で、翻訳文の読者ができるだけ原文の意味に近い意味を理解できるように工夫することが、翻訳者の力量であり、楽しみでもある。

2 翻訳文の意味が分からないような逐語訳は避ける

　翻訳の目的は、原文の言語が理解できない読者のために、読者が理解できる言語で原文の意味内容に最も近似する意味を伝えることである。想定した読者が理解できないような翻訳文は、翻訳として無価値である。逐語訳は、語学教習本のような特殊な目的がある場合や、法律文書では、法令条文や裁判例など、多数の人

がそこから解釈を引き出す基準のような文書（法律解釈基本文書）
など、逐語訳が望ましい事情がある場合に限るべきである。

3　主語の補充は慎重に、構文の変更はやむを得ない

　日本語は曖昧であり、受動態の表現が多く、主語が明確ではな
いことが多い。法律文書では、主語の補充は、翻訳者による原文
修正になる可能性があるから慎重にしなければならない。他方、
受動態の翻訳文とすることによって構文は変わるが主語の補充を
避けることができる。原文の言語の統語法と翻訳先の言語の統語
法が異なる以上、原文の言語の構文に拘泥する合理的理由はない。
原文の1文を数個の文に分割することは、法令条文の翻訳の場
合を除いて、長文癖の多い法律家の文章の翻訳では、読みやすさ
と分かりやすさを優先させるため躊躇しないで行うべきである。

4　翻訳文の英文から、法律家独特の表現（legalese）を排除すべきである

　翻訳とは、原文とは異なる言語での情報の伝達である。英語に
翻訳された法律文書を読む想定読者が理解できない英文に翻訳し
てはならない。英語圏では平易な英語（Plain English）を使う運
動が盛んである。日本語の法律文書を英訳する場合も、できるだ
け法律家独特の用語は避けるべきである。例えばshallの使用は
控えるべきである。

5 「善意」「悪意」、その他適切な翻訳が不可能である例

　事情を「知らない」「知っている」という意味の法律用語である「善意」「悪意」は、誤解が生じないような訳を見つけることはできない。こういう法律家だけの独善的 jargons（業界用語）は、日本の法律と法学から駆逐すべきである。

　反復継続を中心概念とする「業者」「業」も、相当する英語は見つからない。「〜業」という日本語は、都度、その言葉に相当する英語表現を探し出す必要があるが、「継続・反復」という要素が通底しているということが示せない。

　「等」は、なんとも不格好だが "etc." と訳すことができる。それにしても、極めて不格好な英文とならざるを得ない。良い代替案はない。

6　翻訳論全般について

　欧米で 1990 年代中頃から盛んになった翻訳論あるいは翻訳学（translation studies）は、実際に日本語の法律文書を英訳するときには役に立たない。原因の一つは、translation studies が、西ヨーロッパ語の一部とラテン語の翻訳を中心に論ぜられており、日本語のような言語系統の全く異なる言語と英語間の翻訳を考えていないことである。また、translation studies が、聖書の翻訳から発展し、壮大な翻訳の領域を俯瞰することなく、一部領域の翻訳を中心に理論化されてきたことも、汎用性に欠ける理

論が構築されてしまった原因であろう [1]。その他にも原因はあり
そうである。スコポス理論の中で、特にクリスチアネ・ノード
の *Translating as a Purposeful Activity: Functionalist Approaches
Explained, 2nd ed.*, Routledge,（2018）は、日本語から英語の法律
文書の翻訳に関しても、違和感がないし、参考になる示唆に富む。

1）　欧米の翻訳学者の間でもようやくその偏狭さが理解されだしたようで
ある。Jeremy Munday, Sara Ramos Pinto and Jacob Blakesley, *Introducing
Translation Studies, Theories and Applications, 5th ed.*, Routledge. (2022)
10

あとがき

　冒頭に述べたように、私は法務省の日本法令外国語訳整備プロジェクトに最初から加わった。これは日本の法律・法学情報の発信のためのインフラ整備として非常に重要な仕事であると同時に楽しい仕事であった。何が楽しいかというと、日本の超一流の国際弁護士と、英米法に造詣が深く異なった専門を持った学者と、コモンロー国を原資格国とする外国法事務弁護士と、日本語で六法全書を読みこなす英語ネイティブのアドバイザー・コーディネーター達が議論に参加していたからである。日本語の法律用語の意味と、いくつかの英語の訳語が比較され、その違いが明らかになっていく、その議論が知的な刺激に満ちて面白かった。ある用語の訳語の案を自信を持って推進会議に掛けると、思いも掛けない訳語の意味の違いを指摘され、何度となく私自身の考えの浅さを自覚させられた。こういう知的な討議は実に楽しい。日本法令外国語訳推進会議メンバーの弁護士委員は事情により数年ごとに入れ替えがなされたが、皆さん、超多忙にもかかわらず会議に参加し熱心に討議に加わっていただいた。多数の大物国際弁護士も推進会議に弁護士委員として参加してくださった。多分、これらの弁護士はこの知的討議の楽しさの噂を聞きつけて参加を希望されたのだと勝手に想像している。

　しかし、私も寄る年波には勝てないし、後継者も育てなければならない。そこで、数年前に推進会議の座長の役を当時一橋大学法学部教授だった阿部博友先生にお願いすることとした。その後、推進会議の座長は専修大学教授の田澤元章先生に引き継がれた。

　やり残した仕事は、学術用語を含めた和英法律用語辞典を作ることである。本文にも述べたが JLT の標準対訳辞書には、学術法律用語が掲載されていない。日本の法文化の海外発信のためには、法律学術用語を含めた和英法律用語辞典が必要である。私も既に 81 歳を超えた。大漢和辞典を編纂された諸橋轍次博士は 99 歳まで活躍しておられた。私も、あと 18 年生きていれば和英法律用語辞典の編纂が可能かもしれない（いや、そんなに長生きはしないだろう）。

　本書を脱稿した後に、山本史郎『翻訳論の冒険』（東京大学出版会、2023 年）を入手した。私は、本書で欧米の翻訳論を散々批判したが、『翻訳論の冒険』は、第一級の翻訳論の中では、初めて欧米の言語にとらわれない翻訳論であり、翻訳という行為の性質を極めてバランスよく正確に分析している。本書の読者は、是非この「翻訳論の冒険」をお読みいただきたい。

　本書を刊行するに当たっては、公益社団法人商事法務研究会の代表理事専務理事の大久保文雄さんと株式会社商事法務の佐藤敦子さんには大変お世話になりました。特に佐藤さんには、丁寧な校閲をしていただき、最近ますます増えてきた私の原稿の誤字脱字不整合や、読みやすさの改善に大変ご協力をいただきました。感謝申し上げます。

事項索引

著者略歴（本書の主題に関係する事項を中心に）

1942 年　東京都に生まれる。

1960 年　福島県立磐城高校卒業。

1961 年　東京大学文科 1 類入学。履修語学は、第一外国語英語、第二外国語ドイツ語、第三外国語フランス語、ラテン語（加えて古典ギリシャ語とスペイン語を聴講）。フランス語はアテネフランセに 3 年間、日仏学院で 1 年間履修。

1965 年　3 月東京大学法学部卒業、4 月三菱商事㈱入社、総務部文書課（法務部の前身）に配属された。三菱商事㈱の補助金を得て、フランス語、スペイン語を学習。

1973 年　半年間ロスアンゼルスの Lillick, McHose, Wheat, Adams and Charles 法律事務所で弁護士実務研修。

1984 年　1 月米国三菱商事ニューヨーク本店に転勤。法務審査部次長。

1988 年　1 月帰任、法務部部長代行。

　　　　　（1991‒1992　東京大学法学政治学研究科非常勤講師（国際倒産法、国際海上物品売買法）。三菱商事㈱在職中は、北米、カリブ海諸国、南米諸国、東南アジア諸国、バグダッド、ロンドンに度々出張。

1993 年　三菱商事㈱退職、東京大学法学政治学研究科比較法政国際センター教授に就任。

　　　　　ハーバード大、コロンビア大、ミシガン大、デューク大、UCLA の各ロースクールで客員教授として日本のビジネス法を講義、ハーバードが 3 か月、他は 2 週間から 3 週間。

2003 年　東京大学定年退職、中央大学（法学部）教授に就任。

2004 年　中央大学法科大学院教授　中央大学教授時代に、チュレー

ン大ロースクールで 2 週間日本のビジネス法を講義。

　　2008 年に 6 か月間 Harvard Law School visiting scholar.

2012 年　中央大学を定年退職。

法律文書の英訳術

2023年12月8日　初版第1刷発行

著　　者　　柏　木　　　昇

発 行 者　　石　川　雅　規

発 行 所　　鸞社 商 事 法 務
　　　　　　〒103-0027 東京都中央区日本橋3-6-2
　　　　　　TEL 03-6262-6756・FAX 03-6262-6804〔営業〕
　　　　　　TEL 03-6262-6769〔編集〕
　　　　　　https://www.shojihomu.co.jp/

落丁・乱丁本はお取り替えいたします。　印刷／そうめいコミュニケーションプリンティング
©2023 Noboru Kashiwagi　　　　　　　　　　　　Printed in Japan

Shojihomu Co., Ltd.
ISBN978-4-7857-3058-1
＊定価はカバーに表示してあります。